L'amour en bandoulière

DISTRIBUTION

CANADA – ÉTATS-UNIS

Messageries de presse Benjamin (librairies)
Bois-des-Filion (Québec)
1 800 361-7379

TOUS PAYS

Direct Livre (commandes postales)
www.directlivre.com
info@directlivre.com

Pour des informations à jour concernant
nos réseaux de distribution, consultez notre site à
www.directlivre.com sous l'onglet **Commande.**

LISE ALLARD

L'amour en bandoulière

ROMAN

Direct Livre, services d'édition
Nous publions pour vous, contactez-nous !
www.directlivre.com
info@directlivre.com

Gestion et coordination :	José Mateus
Lecture éditoriale :	Pierre Fournier
Révision linguistique :	Jocelyne Vézina
Photos de la couverture :	Archives de la famille Allard
Composition typographique :	PromInfo

Catalogage avant publication de Bibliothèque et Archives nationales du Québec et Bibliothèque et Archives Canada

Allard, Lise
L'amour en bandoulière : roman
ISBN 978-2-923040-24-0
1. Allard, Antonio - Romans, nouvelles, etc. I. Titre.
   PS8601.A45A76 2010   C843'.6   C2009-942097-X
   PS9601.A45A76 2010

ISBN 978-2-923040-24-0

Dépôt légal - Bibliothèque et Archives nationales du Québec, 2010
Dépôt légal - Bibliothèque et Archives Canada, 2010

Choix environnemental ᴹᵉ

Papier recyclé 100 % postconsommation

Imprimé au Canada.

À mes parents,
qui m'ont si bien appris à aimer.

Prologue

Ce livre raconte une histoire vraie. Cette histoire est celle de mon père. Et un peu la mienne maintenant par la force de l'écriture.

En 1994, lorsqu'il a eu soixante-quinze ans, je lui ai donné une lettre en guise de cadeau ; elle disait :

«J'ai décidé de prendre ma plume au lieu de la parole parce que je me sens très petite devant toi. Ma plume me donne la force de te raconter mon rêve. Je rêve un jour d'écrire un livre. Un livre qui parlera d'amour. L'amour de la forêt, de la chasse... du grand amour... et bien d'autres sujets aussi, et de la guerre. Un livre qui raconte avant tout l'amour de vivre. Un livre qui parle de toi. Un livre qui raconte une vie qui t'appartient. Et, seulement si tu le veux, j'arriverai peut-être à écrire le plus beau des romans du monde.»

Douze années ont passé depuis cette lettre. Un beau jour, j'ai pris mon cartable, mon enregistreuse et mon cahier de notes dans lequel j'avais construit, à partir de mes souvenirs d'enfant, les idées maîtresses de ce livre sous la forme de nombreuses questions encore sans réponses. Je suis arrivée à la maison de mes parents et avant même que j'aie eu le temps d'expliquer la raison de ma visite, mon père m'a simplement dit :

— Alors, on commence aujourd'hui... Je suis prêt.

C'est ainsi qu'a débuté une série de rencontres pendant lesquelles je questionnais mon père et que celui-ci se racontait. Ma mère a également participé parce que, bien sûr, elle fait partie de cette histoire.

Grâce au talent de conteur de mon père et à sa mémoire phénoménale, nous avons passé des heures merveilleuses. D'un souvenir à l'autre, il me dévoilait son histoire avec beaucoup de sincérité. Ensemble, nous sommes arrivés à revivre les plus beaux moments, et aussi les plus difficiles, car mon père, un être sensible, vit toujours tout intensément.

Il a aujourd'hui quatre-vingt-dix ans. Son goût de vivre est aussi grand que lorsqu'il avait vingt ans. Je crois bien que la mort ne fait pas partie de sa vie.

Ce livre est ma façon bien personnelle d'exprimer tout le respect et l'admiration que j'ai pour cet homme de cœur qui a su vivre ses convictions les plus profondes.

Lise Allard

Je viens de recevoir
Mes papiers militaires
Pour partir à la guerre
Avant mercredi soir
Monsieur le Président
Je ne veux pas la faire
Je ne suis pas sur terre
Pour tuer des pauvres gens
C'est pas pour vous fâcher
Il faut que je vous dise
Ma décision est prise
Je m'en vais déserter

Le Déserteur
Boris Vian

Note aux lecteurs

Le niveau de langue des échanges entre les personnages reflète celui de l'époque. En l'utilisant, l'auteure a voulu être fidèle à la façon dont s'exprimaient certains Gaspésiens dans les années 1940.

Une carte géographique à la page suivante permet de localiser les principaux lieux de la Gaspésie mentionnés dans le récit.

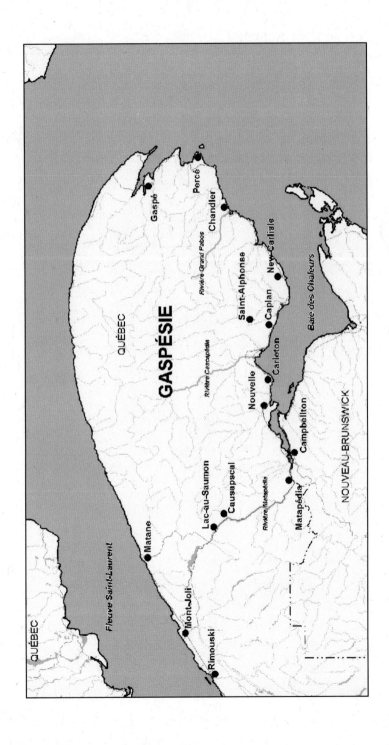

CHAPITRE 1
Noël 1939

C'EST PAR UN VENT GLACIAL que la toute première fois Pit prit à jamais la mesure de la force d'aimer. En décembre 1939, la péninsule gaspésienne offrait à ses habitants une journée de Noël blanche et bleue : un ciel sans nuage, une neige immaculée, mais aussi un froid intense aiguisé par le vent au point de faire abandonner toute idée de sortie à qui que ce soit.

Il est deux heures de l'après-midi. Pit s'apprête à ouvrir la porte quand Elmina, sa mère, lui dit :

— Pit, tu devrais te mettre un chapeau sur les oreilles ; t'en as pour une heure à marcher avant d'arriver à l'église. Le vent est fort aujourd'hui.

— Vous inquiétez pas, j'vais marcher vite et si j'ai trop froid, j'peux arrêter me réchauffer chez les Dugas.

Pit voulait se rendre à l'église pour assister aux vêpres. Du fond du Neuvième Rang, le chemin à parcourir pour atteindre le cœur du village de Saint-Alphonse était long et difficile. Seules les traces laissées par la carriole et les chevaux dessinaient la voie à suivre dans cette mer de neige qui avait fait disparaître le chemin et les clôtures bordant les lopins

de terre. Assister aux vêpres n'était qu'un prétexte ;
ce qu'il voulait par-dessus tout, c'était revoir Jeanne.
Le froid n'avait plus d'emprise sur lui à la douce
pensée de retrouver bientôt celle qui lui réchauffait
le cœur et l'âme. Il savait bien qu'elle devait être
de retour chez les Dugas aujourd'hui, jour de Noël.

La veille, Jeanne avait obtenu une journée de congé.
Depuis plusieurs semaines déjà, elle travaillait comme
aide-ménagère chez les Dugas de Saint-Alphonse.
Cette famille avait bien besoin de ses services. Les
enfants étaient nombreux ; en cela, rien de bien
particulier pour une époque bien nantie d'hommes
d'Église qui demandaient aux femmes de ne pas
empêcher la famille, et la mère Dugas était de nouveau enceinte cette année. Jos, le plus vieux des
enfants, se voyait ravi de cette situation qui avait
entraîné la venue de Jeanne. Il se faisait toujours un
grand plaisir de prendre la voiture et d'atteler les
chevaux pour assurer le transport de la belle jeune
femme sur les quelques kilomètres d'espoir qui séparaient leur village, situé à l'intérieur des terres, de
Caplan, en bordure de la côte, sur la baie des Chaleurs.
    À chaque voyage, Jos se faisait plus galant. Ce
jour-là, il arrêta la voiture devant la porte de chez lui
et il entra en s'exclamant :
    — Les pierres doivent être bien chaudes mainte-
nant ; la voiture est prête pour toi, ma chère demoi-
selle. J'les ramasse et je t'attends pour faire la route
vers chez toi.
    Jos faisait toujours bien chauffer les pierres et
prenait soin de les envelopper dans un manchon de

laine. Cette pratique était courante à l'époque, surtout pour de longues distances, où les couvertures et les fourrures ne suffisaient pas contre le froid. Il fallait être ingénieux pour voyager dans une carriole à ciel ouvert en plein hiver. Jos plaça le paquet brûlant sur le banc entre lui et Jeanne. Ils seraient ainsi au chaud pendant tout le trajet.

Déjà toute consacrée au bonheur anticipé de fêter Noël en famille, Jeanne s'empressa de prendre son sac. Elle avait hâte de revoir sa famille. Les fêtes de Noël étaient vécues avec beaucoup de joie et les semaines de décembre lui étaient apparues bien longues loin de chez elle. Ce court séjour à la maison avec les siens lui ferait un grand bien. Elle laça les derniers œillets de ses bottes, qui montaient serrées jusqu'aux mollets, elle noua son foulard de laine bouillie et colorée et elle enfonça son chapeau sur sa volumineuse chevelure bouclée d'un brun chocolat noir.

— À demain, les enfants... passez un beau réveillon ! dit-elle.

Pour rassurer Mme Dugas, elle ajouta :

— J'reviens demain en après-midi, comme prévu si Jos vient me chercher, ben entendu.

Jos lui tendit la main pour faciliter sa montée dans la voiture. Le froid était intense et les pierres chaudes étaient grandement appréciées. Jos faisait de son mieux pour tenir la conversation, mais Jeanne demeurait silencieuse. Les multiples efforts du jeune homme pour courtiser la belle Jeanne semblaient vains. Depuis quelque temps, Jeanne semblait éviter sa compagnie. Au fond de lui-même et sans vouloir réellement l'admettre, il la soupçonnait d'être tombée amoureuse de son ami Pit.

Les maisons se faisaient rares sur le Neuvième Rang et malgré la distance qui les éloignaient, Jos et

Pit, voisins en quelque sorte, s'étaient liés d'amitié
depuis le temps où ensemble ils se rendaient à pied
à l'école.

Caplan ne paraissait jamais loin à Jos lorsqu'il
faisait la route avec Jeanne. Il arrêta la voiture devant
sa demeure et avant même qu'elle ne descende, il
lui rappela :

— J'viendrai te chercher demain en après-midi.
Bon réveillon et joyeux Noël ! Comme il aurait aimé
l'embrasser, ne serait-ce que sur sa joue froide
rougie par le vent et l'espoir de la fête.

Jeanne lui retourna ses vœux, le remercia sans
autre démonstration qui aurait pu raviver le cœur
du jeune homme et elle descendit de la voiture en
sautant malgré la difficulté que cela pouvait repré-
senter pour une fille portant une longue jupe et une
bougrine longuement boutonnée. Son frère Jean-Paul
avait bien pelleté, l'entrée était libre. Elle resta immobile un instant, regarda la maison de famille avec
ses fenêtres givrées, ses pignons couverts d'une
épaisse couche de neige et les gouttières engorgées
comme autant de gargouilles conjurant l'hiver, puis
la cheminée qui laissait échapper sa fumée en es-
sayant de rabrouer le froid. Elle ferma les yeux un
instant encore : elle imaginait l'odeur des plats cui-
sinés pour le réveillon du soir, les rires et les baisers
volés. Sortant subitement de son rêve, elle se rappela
que Jos attendait sûrement un signe d'au revoir. Elle
se retourna rapidement… mais la voiture et le cœur
de Jos étaient déjà trop loin.

Jeanne ouvrit la porte, un large sourire au visage.

— Joyeux Noël ! J'suis là enfin ! Que ça sent bon !
J'vais vous aider tout de suite.

Géraldine, sa sœur cadette, faisait déjà figure de
jeune femme malgré ses quatorze ans. Avec ses

cheveux en broussaille et son air espiègle, toujours prête à rigoler, elle était le boute-en-train de la famille. Assise à la table, elle s'affairait avec enthousiasme à éplucher les pommes de terre qui frisaient sous la lame acérée avant de tomber dans l'immense chaudron. Comment aurait-elle pu vivre une seule journée sans manger des pommes de terre, celle-là?

Du haut de ses vingt et un ans, Léontine sortait les tourtières du four et sa mère Laura, menue et frêle, le tablier enfariné, coupait les beignes à l'emporte-pièce avant de les plonger dans l'huile frémissante. Dans cette maison, on se faisait un devoir de respecter la tradition. Ce 24 décembre 1939, le réveillon serait pareil à celui des années précédentes malgré un climat lugubre et les restrictions imposées aux familles depuis la crise économique et le début de la guerre. On allait tout faire pour laisser le froid et l'amertume au dehors enneigé.

Jeanne décrocha un des tabliers qui pendaient près du poêle à bois et elle s'approcha pour s'affairer avec sa mère.

— Où est papa? demanda-t-elle.

— Comment peux-tu oublier? Il est à l'église pour la pratique; il va chanter à la messe de minuit ce soir. Mais où as-tu la tête? répondit sa mère.

Jeanne réalisa l'étourderie de sa question. Laura plongea un long regard dans les yeux de sa fille; elle pouvait y lire l'absence de quelqu'un qui est absorbé par ses pensées.

— Mais oui, c'est ben vrai, c'est pareil à chaque année, j'sais pas pourquoi...

Avant de pouvoir terminer sa phrase, Jeanne fut interrompue par Léontine qui réclamait qu'on lui libère de l'espace sur la table pour y déposer et y faire refroidir les grandes tourtières. L'imbroglio semé par

la question de Jeanne fut aussitôt oublié ; les femmes
de la maison s'affairaient aux préparatifs du réveillon
avec beaucoup trop d'attention pour s'attarder à ça.
Ce soir-là, l'église fut méconnaissable, entourée
de carrioles et de chevaux au licol garni de clochettes
qui résonnaient dans tout le village. La messe de
minuit parut moins longue grâce aux chants. La voix
d'Hector, le père de Jeanne, se fondait à celle des
autres, mais comme il aimait chanter, Jeanne prit soin
de lui dire qu'il avait bien paru même si sa voix juste,
mais sans éclat, ne lui permettait pas d'entamer le
Minuit Chrétien.

Après la messe, toute la famille se retrouva autour
de la table. Émond et Edgar, les plus vieux, mariés
déjà, avaient bravé le froid et se faisaient tout un
honneur d'être présents avec leurs épouses. Quoi-
qu'ils étaient tous jeunes adultes selon les standards
de l'époque, à l'exception des benjamins Géraldine
et Germain, Émile, Jean-Paul et Germain vivaient
encore au foyer familial, tout comme les trois filles.
Les couverts s'alignaient, on avait sorti l'argenterie ;
on voulait mettre de côté l'austérité de la crise de
1939.

Le réveillon s'était terminé aux petites heures du
matin. Maître de maison pour cet attroupement de
joueurs improvisés, Hector avait sorti le jeu de cartes
d'un tiroir du buffet et tout le monde avait pris part
à la partie. Jeanne s'était endormie heureuse.

Le lendemain, elle devait déjà repartir. Elle s'était
engagée à retourner chez les Dugas, mais elle gardait
au cœur la douce présence d'un Noël heureux.

Pit marchait d'un bon pas sur la neige qui crissait sous ses bottes. Sa mère avait bien raison, le vent lui pinçait les oreilles. Il aurait voulu réduire les cinq kilomètres qui séparaient leur maison au fond du Neuvième Rang du centre du village de Saint-Alphonse. Une heure de marche – en été le chemin apparaissait plus court – c'était particulièrement long aujourd'hui : le désir, l'amour et l'attente lui semblaient interminables. Jeanne sera-t-elle de retour chez les Dugas ?

Enfin, comme un phare, la maison se pointa au loin. Pit ralentit son pas et prêta l'oreille. Au loin, les cloches sonnaient ; il serait sans doute en retard pour les vêpres, mais il tenait surtout à s'arrêter pour voir Jeanne.

Il secoua vigoureusement ses pieds sur la galerie afin de débarrasser ses bottes de la neige accumulée, mais c'était plutôt sa façon d'annoncer sa venue. Il entra dans la maison, se dépêcha de retirer son chapeau qu'il avait secoué, il le glissa dans sa poche de manteau et il passa sa main sur ses cheveux. Il était fier de ses vingt ans.

Il aperçut Jeanne de dos ; elle s'affairait à dresser la table. Les doigts encore froids, Pit triturait les rebords de son manteau. Jeanne déposa le dernier couvert qu'elle avait dans les mains et elle se dirigea vers lui.

Avant même qu'il n'ait eu le temps de prétexter qu'en route vers l'église, il entrait seulement pour se réchauffer, Jeanne lui chuchota à l'oreille :

— Viens veiller avec moi ce soir… Les parents Dugas, les plus vieux des enfants, pis même Jos, seront sortis pour un souper avec la parenté. J'vais coucher les jeunes de bonne heure.

— Compte sur moi, répondit Pit.

Le soir venu, de chez lui, il prit à nouveau le chemin vers le village. Le parcours lui apparaissait maintenant beaucoup plus court, car le jeune homme était transporté par le vent et l'amour. La soirée s'annonçait très froide ; le ciel offrait toutes ses étoiles jusqu'à la plus minuscule. De très loin, il reconnut la Grande Ourse, qu'on nommait «le chaudron». Lorsqu'il était enfant, son père lui avait appris à reconnaître aussi d'autres étoiles comme Castor et Pollux, les étoiles jumelles, ou encore Bételgeuse, qui fait partie du triangle d'hiver d'Orion. C'est rassurant, disait-il, comme pouvoir se retrouver en forêt à partir des arbres.

Pit frappa à la porte. Jeanne, qui regardait dans toutes les directions pour s'assurer de la discrétion des lieux, ouvrit et l'invita à laisser son manteau et ses bottes à l'entrée. La lampe à l'huile à la main, elle lui dit :

— On va s'asseoir au salon, on va être mieux pour jaser.

Pit la suivit avec une nervosité qui lui était toute nouvelle. Jeanne lui semblait encore plus belle que cet après-midi. Ses cheveux étaient en partie re-montés, placés négligemment en chignon, et quelques boucles tombaient éparses sur ses épaules. Elle ne portait plus son tablier. Le corsage de sa robe s'ouvrait discrètement à la base de son cou et laissait deviner la douceur et l'odeur encore mystérieuse de sa peau. Ils avaient enfin quelques heures pour mieux faire connaissance. Les parents Dugas et les plus vieux de leurs enfants étaient partis, les plus jeunes étaient endormis ; la maison était calme.

C'est alors qu'ils ont pu se raconter tour à tour leur vie, leur famille, leurs occupations, leurs rêves et aussi, mal d'époque, leurs craintes face à la guerre.

Ils se parlaient avec facilité, compréhension et compassion comme s'ils se connaissaient depuis très longtemps. Ils jouissaient de cette intimité quand des bruits et des pas empressés arrivèrent de la porte d'entrée. Ils s'arrêtèrent de parler, à la fois surpris et inquiets.

Le grand-père Dugas entra au salon d'un air contrarié. D'un geste brusque, il s'empara de la lampe, le regard hautain pointé vers Pit. Il s'exclama :

— Ça n'a même pas le nombril sec pis ça sort voir les filles !

Il sortit de la pièce en reniflant et en marmonnant des paroles incompréhensibles et, l'effet de l'alcool aidant, il laissa ainsi Pit et Jeanne dans le noir. Jeanne s'empressa d'aller chercher une autre lampe. L'arrivée imprévue du grand-père venait d'interrompre le charme de leurs tout premiers moments ensemble.

— Tu ferais peut-être mieux de partir ! dit Jeanne en chuchotant.

— J'vais rester, j'partirai quand j'serai certain que le vieux est solidement endormi, répondit-il.

Pit soupçonnait le grand-père d'être rentré plus tôt, avant tous les autres, parce qu'il savait Jeanne seule à la maison. Ce vieux malicieux avait sans doute l'intention de profiter de la situation. Le grand-père mal intentionné n'en était pas à ses premiers gestes déplacés. Quelques jours avant Noël, alors que Jeanne lavait un plancher de chambre à l'étage, le vieux était monté de guingois avec deux verres de bière à la main.

— Tiens, ma belle Jeanne ; arrête-toi un petit brin de frotter ce plancher trop usé pour prendre un verre avec moi, lui avait-il envoyé.

Jeanne avait vu très clairement son petit jeu. Son frère Edgar s'était permis quelques confidences avec elle par souci de protection et il l'avait mise en garde

contre ce vieil homme aux mains trop longues. Elle
s'était alors empressée de ramasser son torchon et
son sceau pour sortir de la pièce et claquer la porte
en lui répondant sèchement :

— J'en veux pas de votre bière !

Son message avait été clair : elle ne se laisserait
jamais approcher ni toucher. Mais le vieux avait bien
l'intention de réessayer.

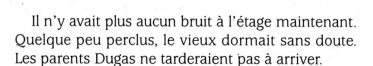

Il n'y avait plus aucun bruit à l'étage maintenant.
Quelque peu perclus, le vieux dormait sans doute.
Les parents Dugas ne tarderaient pas à arriver.

Pit décida de rentrer chez lui. Il avait voulu protéger Jeanne comme on protège une perle délicate
fraîchement trouvée à laquelle on tient plus que tout.
Ce sentiment avait pris place tout naturellement.
Jeanne s'était alors sentie précieuse à ses yeux. Ce
beau jeune homme serait-il l'homme de sa vie ? Elle
n'avait que dix-neuf ans, mais elle avait fréquenté
d'autres hommes avant lui, et cette fois-ci, elle savait
qu'il serait toujours près d'elle...

CHAPITRE 2
La première rencontre

QUELQUES SEMAINES PLUS TÔT, au début de décembre, la neige était tombée à gros flocons. Ce jour-là, Jos Dugas, qui travaillait comme postillon à Saint-Alphonse, rentrait de Caplan avec Pit. La voiture glissait sur la neige au rythme soutenu des chevaux aux encolures chargées de neige. Les deux amis se retrouvaient après plusieurs mois de séparation. Pit revenait du chantier de la Grande-Cascapédia, où il avait été employé comme bûcheron. Les conditions de vie du chantier étaient souvent difficiles, mais le chômage et la misère du début de cette période de guerre lui faisaient voir la chance qu'il avait de pouvoir travailler et d'oublier la misère qui minait souvent les familles. Jos avait consenti à l'accompagner au marché général de Caplan, car il avait grand besoin d'habits neufs après tous ces mois passés au chantier. D'autant plus que les fêtes approchaient rapidement.

Les deux hommes se racontaient leurs derniers mois, les bons coups comme les mauvais. Pit possédait un grand talent de conteur et Jos ne se lassait jamais de l'écouter. Alors qu'ils arrivaient au dernier tournant de la route, Pit entamait à grands gestes la narration des péripéties de ses derniers jours de chantier. Curieux de connaître la fin de l'histoire, l'autre l'invita à entrer chez lui pour se réchauffer et prendre un petit verre pour célébrer son retour.

Dans la cuisine des Dugas, Jeanne était en train de passer le balai lorsqu'elle entendit les bruits d'une voiture qui glissait sur la glace vive et des chevaux qui se dirigeaient vers la grange. Elle s'approcha de la fenêtre, posa sa main chaude sur le carreau, pressée d'y faire fondre le givre pour mieux voir ceux qui arrivaient. Elle reconnut Jos, mais elle ne connaissait pas l'autre, celui qui dételait les chevaux. Elle resta figée à la fenêtre pendant quelques instants et elle se surprit à espérer que ce beau jeune homme entre pour faire sa connaissance.

Jos entra le premier et Pit le rejoignit. Jeanne leur faisait dos, toujours accrochée à son balai. Pit interrompit subitement son récit et son regard se posa sur cette jeune femme qu'il venait d'apercevoir. Il admira sa longue chevelure brune en cascades sur ses épaules, sa boucle de tablier à la taille et le bas de ses jambes fines qui se devinaient sous sa longue jupe. Jeanne se retourna au même moment; elle se sentit ridicule avec son tablier et son balai à la main qu'elle cacha comme un terrible vice. Elle aurait souhaité mieux paraître devant cet inconnu qui, malgré elle, faisait battre son cœur de façon incontrôlable. Pit, lui, demeura muet un court instant en apercevant le sourire de Jeanne et lorsque leurs regards se croisèrent, chacun ressentit l'effet du charme magique d'un coup de foudre ou du destin.

Étranger à tout ce subtil rituel d'amour, d'un coup de coude, Jos mit fin à l'extase de cette première rencontre afin de boire un peu.

— On est entrés prendre un petit verre. Voici Antonio, surnommé Pit Allard, du Neuvième Rang au fin fond de Saint-Alphonse. Là, il revient du chantier, il en a long à nous raconter, dit Jos tout en riant.

Voulant mettre court aux présentations, il ajouta simplement :

— Jeanne travaille ici pour donner un coup de main à la famille pour un petit bout de temps. Elle vient de Caplan.

Jeanne réussit gauchement à prononcer un bonjour quasi inaudible en espérant que celui-ci ne trahisse pas son état d'âme. Elle se remit aussitôt à la tâche avec le double d'ardeur pour faire oublier ce temps perdu en bavardage ; après tout, elle était ici depuis peu et faire du bon travail lui tenait à cœur. Elle chercha, en vain, à ne plus se laisser distraire par la présence de ce beau jeune homme, mais les bribes de la conversation qu'elle entendait piquèrent de plus en plus sa curiosité.

La neige avait cessé de tomber et le soleil étirait ses derniers rayons. Une lumière orangée colorait la pièce. Il serait bientôt temps pour elle de se mettre aux chaudrons, car les enfants rentreraient de l'école en appétit.

Pit se leva et poussa sa chaise dans un grincement qui exprimait clairement son intention de partir. Jeanne aurait voulu que le temps s'arrête. Vraiment. Pour toujours. Elle décrocha le chapeau de Pit et, d'un geste timide, elle le lui tendit en ajoutant :

— J'espère qu'on aura la chance de se revoir !

À la fois surpris par l'audace de cette jeune femme et heureux de ces paroles, Pit répondit simplement :

— Compte là-dessus.

Leurs regards se croisèrent ainsi pour une seconde fois. Jeanne voulut bien croire qu'il disait vrai.

Pit passa l'hiver à Saint-Alphonse à la ferme familiale des Allard. La maison construite par son père
Léonidas au début des années 1900, sur la terre
défrichée par son grand-père, prenait place au centre
de la terre contrairement à la coutume qui voulait
que l'on s'installe en bordure du chemin. Les Allard
avaient comme voisins ici un ruisseau, là une montagne et, bien sûr, l'immense forêt. La famille était
grande : onze enfants, mais seuls les trois plus jeunes,
Pit, Georgette et Jean-Marie demeuraient encore à
la maison. Les plus vieux étaient déjà tous mariés et
vivaient dispersés dans différents villages de la Gaspésie,
travaillant de façon sporadique, mais cela leur permettait
de gagner respectablement leur vie. Seuls Philippe,
qui s'était installé à Montréal, et sa sœur Marie-Louise,
qui avait suivi son mari au cœur des Cantons-de-l'Est,
n'habitaient pas dans la région.

La longue saison froide servait habituellement à
bûcher pour accumuler le bois de chauffage. Mais
cet hiver-là, le père Léonidas et plusieurs de ses fils
exercèrent un travail lucratif. Ils produisaient des
traverses de bois pour le chemin de fer. Ils en faisaient
de vingt-cinq à trente par jour et recevaient cinq cents
pour chacune. Léonidas et Trefflé abattaient les arbres,
Xavier les ébranchait, Willy les équarrissait sur deux
faces. Chacune devait faire deux mètres cinquante
de long et avoir vingt centimètres d'épais. Finalement,
chaussés de raquettes, Xavier et Pit s'occupaient de
transporter les *traverses* sur leur dos jusqu'au to-
boggan, lequel, tiré par le bœuf, leur permettait de
faire les deux heures de route qui les séparaient de
la maison.

Tous les lundis, Léonidas et ses fils quittaient ainsi
la maison. Les garçons marchaient et le père se rendait, à dos de cheval, à un petit camp aménagé au

cœur de la forêt. Le mercredi, Pit allait les rejoindre, emportant de la nourriture et du foin pour le cheval. Du mercredi au samedi, plusieurs allers et retours pouvaient être ainsi faits. La journée du dimanche était consacrée au repos comme l'exigeaient la religion catholique et un curé de paroisse très rigide qui ne permettait que peu d'écarts, comme il était coutume à cette époque.

La messe célébrée à l'église paroissiale était l'évènement social qui favorisait les rencontres et les échanges entre les villageois. Depuis leur soirée de Noël, Pit et Jeanne avaient eu peu d'occasions de se revoir. Cependant, tous les dimanches, après la messe, ils se retrouvaient sur le perron de l'église et rentraient à pied ensemble, suivis de très près par les plus jeunes, comme une traînée de rires accrochés à leurs lents pas d'amour.

Ce dimanche de printemps 1940, Pit avait assisté à la messe sans même s'en rendre compte. Il avait cherché Jeanne du regard ; elle était agenouillée au quatrième banc. Il avait reconnu son chapeau au large rebord et son manteau bleu qui cintrait ses hanches. Il avait agi avec automatisme, répondu des *amen* malgré lui et pendant toute la durée du sermon, il avait cherché les mots pour annoncer à Jeanne son départ prochain et son absence pour plusieurs semaines. Il le fallait pourtant.

À la sortie de la messe, les deux jeunes amoureux se retrouvèrent pour faire le chemin du retour ensemble comme à l'habitude. D'un geste nerveux, Pit s'alluma une cigarette et prit une grande respiration. Jeanne sentait bien l'inquiétude qu'il tentait de cacher, et sans attendre, elle lui demanda :

— Dis-moi donc ce qui se passe ; quelque chose te tracasse ?

Pit fut soulagé par cette question et la réponse lui vint simplement :

— J'pars demain pour Chandler. J'vais travailler sur la drave pour plusieurs semaines. Ça va être long.

— Moi aussi, j'vais trouver le temps long, mais j'comprends... Inquiète-toi pas... on va se revoir quand les lilas seront en fleurs, pis j'vais compter les jours.

Le lendemain, dans les traînées de vapeurs noires et les cris suraigus de la vieille locomotive, Pit prit le train pour Chandler. De la gare, il devait marcher cinquante kilomètres, ce qui prenait plus de dix heures pour se rendre au camp de base de la compagnie forestière *L'International*. Son frère Willy l'attendait, car il se trouvait déjà sur place à titre de contre-maître de chantier. À son arrivée, Pit se fit assigner la baraque dans laquelle il dormirait.

— Le réveil est à 4 heures et demie, le déjeuner est à 5 heures et vous devez être au ruisseau pour 6 heures. Vous aurez trois lunchs : un à 9 heures et demie, un à midi et un autre à 3 heures. Le souper est servi à 8 heures. Pas de questions? Soyez à l'heure!

Pit ne fit aucun commentaire ni sur l'horaire ni sur les conditions de travail. Il était content d'avoir été accepté comme travailleur. Il s'avéra assez vite que le menu était des plus simples. En fait, ils man-geaient toujours la même chose : des fèves au lard, du lard et de la mélasse. Ils travaillaient six jours par semaine. Seul le dimanche, comme un jour oublié, était journée sacrée.

Tiré du sommeil par un gars qui tambourinait sur une vieille casserole avec une cuillère de bois en criant : «On se lève!», Pit se prépara pour une journée qui s'annonçait dure. Ils étaient environ vingt-cinq hommes au chantier ce matin-là. Ils devaient *rapatrier* des milliers de troncs d'arbres dispersés dans la forêt, les ramener à la rivière et les jeter à l'eau en vrac. À partir de ce moment-là, ils débutaient la drave. Ils devaient alors défaire les empilements de billots sur la rivière. Pour se faciliter le travail, ils plaçaient toujours les billots les plus longs dans le sens du courant et les plus courts, à angle droit. Des équipes de cinq hommes étaient formées pour réaliser cette tâche périlleuse. Chaussés de bottes cloutées et gaffe à la main, ils se déplaçaient sur les billots, les poussaient et les roulaient pour les amener à suivre le courant au risque de tomber à l'eau et d'être écrasés par les troncs.

Malgré le froid intense, les chutes de neige ou encore la pluie, jour après jour, les travailleurs du chantier s'acquittaient bravement de leurs tâches. Le samedi soir fermait la semaine. Chaque travailleur recevait sa paie, durement gagnée, de trois dollars cinquante par jour. En ce temps de crise où l'argent se faisait rare, chacun était fier de pouvoir accumuler ces dollars, jugés comme un salaire bien raisonnable en dépit du rude labeur exigé.

On étirait le moment du souper, on se racontait des histoires, certains sortaient le jeu de cartes, d'autres en profitaient pour se raser ou laver quelques vêtements qui auraient la journée du dimanche pour sécher, pendant que d'autres, peu convaincus, étiraient leur accordéon ou soufflaient quelques notes maladroites dans leur *musique à bouche*. Pit profitait de ce soir-là pour s'isoler et écrire quelques mots à Jeanne. Il préparait aussi une enveloppe adressée à ses parents et pliée avec amour, dans laquelle il mettait une partie de son salaire. Même dans ces conditions difficiles, le service de courrier était bien assuré. Le commis du camp se rendait deux fois

par semaine au dépôt de la compagnie. Il attelait
le cheval à la carriole, il ramassait le courrier des
hommes, prenait note de leurs *commissions*, le plus
souvent du tabac et des bas de laine, et il s'occupait
aussi des provisions pour la cuisine et l'écurie. Son
retour était toujours très attendu : la maison semblait
tout à coup si proche de la pensée des hommes.
    Les semaines passèrent. La neige avait disparu,
les feuilles se pointaient aux arbres. Pit et Jeanne
s'écrivaient. Chacun de leur côté, comptant les jours,
ils attendaient impatiemment que les lilas fleurissent.

Quelques jours après Pâques, Mme Dugas accoucha
d'une petite fille. Jeanne demeura auprès d'elle et
s'occupa de la maison pendant les quatre semaines
qui suivirent la naissance, tel que l'avait recommandé
la sage-femme. Le dernier samedi de mai, elle obtint
son congé définitif. Elle pouvait maintenant rentrer
chez elle. Jos regrettait ce départ ; les occasions de
côtoyer Jeanne se feraient plus rares dorénavant. Il
allait devoir s'inventer toutes sortes de raisons et
faire preuve de ruse pour la revoir et passer quelques
heures en sa compagnie. Toutefois, il se consolait un
peu en pensant que Pit était encore au chantier et
que Jeanne chercherait sans doute à se distraire.
    Il prépara la voiture pour raccompagner la jeune
femme à Caplan. La famille Dugas sortit dans la
cour et remercia chaleureusement Jeanne pour ses
bons services. Seul le grand-père, qui se berçait sur
la galerie, refusa de s'approcher pour saluer celle qui
les quittait. Le vieux lui gardait rancune de ne pas
avoir succombé à ses avances. Pour sa part, Jeanne

préférait cette attitude méprisante de la part du vieil homme. Jamais elle n'accepterait un tel comportement de la part de quiconque. Bien sûr, l'éducation catholique qu'elle avait reçue de même que les valeurs transmises par sa famille lui dictaient sa façon d'agir. Elle faisait en tout temps sentir sa force de caractère.

De retour à la maison, Jeanne profita d'une plus grande liberté en dépit des nombreux travaux que le printemps exigeait de tous sur la ferme familiale. Il lui arrivait tout de même de se rendre au bord de la mer pour une promenade sur la grève. Son amie Yvette l'accompagnait le plus souvent. Elles avaient le même âge et elles s'entendaient bien, la complicité était facile. Yvette était la fille du garagiste Charles Bourdages, et comme un garage et la mécanique automobile n'étaient pas l'affaire d'une fille, Yvette jouissait d'un quotidien différent de celui de Jeanne, qui était souvent retenue pour aider à la ferme. Les deux jeunes femmes se confiaient l'une à l'autre et partageaient leurs inquiétudes face à la guerre dont on entendait de plus en plus parler.

— Mon frère Émile s'est porté volontaire, lui dit Jeanne. Il veut faire la guerre ; il est fier de devenir soldat. Moi, ça me fait peur de le voir partir de l'*autre bord* ; il peut aussi ben jamais revenir.

Encore à la maison à vingt ans, Émile avait sans doute envie de prouver qu'il était un homme. C'était sa décision, personne ne l'avait forcé.

— Inquiète-toi pas trop vite, il partira pas ce printemps ; il faut qu'il fasse son entraînement avant et pis... peut-être que la guerre va finir avant qu'il soit prêt pour partir, lui répondit Yvette.

— T'as ben raison, il faut pas que cette guerre dure, répliqua Jeanne.

— J'pourrais jamais vivre une séparation s'il fallait que Pit parte pour la guerre, ajouta-t-elle.

— Il devrait te revenir très bientôt ; les chantiers ferment toujours au début de juin, la rassura Yvette.

Pendant ce temps, au chantier, les hommes progressaient et se rapprochaient de la rivière du Grand Pabos. Après avoir ratissé le territoire tout autour de la rivière et passé plusieurs nuits dans les campements temporaires sous la tente à avoir froid parce qu'ils étaient mouillés et que rien ne parvenait à sécher, Pit, comme tous les autres, se réjouit d'entendre qu'ils atteindraient le camp principal à la fin de la journée. Lui et l'un de ses coéquipiers, un certain Léonard Barriault, qui venait du même Neuvième Rang de Saint-Alphonse, rêvaient de dormir enfin au chaud et au sec dans un camp. À leur grand malheur, à leur arrivée, près de cinq cents hommes étaient déjà rassemblés au camp et ils durent à nouveau dormir sous la tente. Le lendemain matin, encore tout transis après une autre nuit froide, ils enfilèrent leurs vêtements humides et se dirigèrent au bâtiment du contremaître.

— Ils ont beaucoup trop d'hommes pour le travail qu'il reste à faire. Il va falloir être convainquants si on veut qu'il nous garde, confia Pit à Léonard.

Quand vint leur tour, le contremaître les regarda quelques instants et sans les questionner, il leur dit :

— Prenez votre bâche et allez-vous-en à la rivière.

Sans discuter, les deux hommes emboîtèrent aussitôt le pas et rejoignirent les autres équipes. Cinq jours plus tard, ils atteignirent l'embouchure

de la rivière sur la mer. Là se terminait la drave. Il
était maintenant temps de rentrer.

Bras dessus, bras dessous, Jeanne et Yvette avaient
pris le chemin du retour vers la maison des Bujold.
Dès qu'elles entrèrent, la mère de Jeanne dit à sa
fille :

— Ah! te v'là. Je t'ai cherchée tout à l'heure, Pit est
revenu du chantier, il s'est arrêté pour te voir. Il était
en route vers Saint-Alphonse. Il a dit qu'il reviendrait
ce soir.

Furieuse contre elle-même et déçue de ne pas avoir
été disponible pour le recevoir après avoir tant attendu
son retour, Jeanne regrettait maintenant amèrement
cette promenade qui lui avait fait manquer un moment
souhaité depuis de si longues semaines. Elle devait
encore patienter jusqu'au soir.

Ce soir-là, Pit frappa à la porte avec un gros bouquet
de lilas à la main. Ce temps béni des lilas devenait
tout comme eux : court et éternel à la fois. Enfin, ils
étaient à nouveau ensemble.

CHAPITRE 3
L'été des lettres

L E MOIS DE JUIN venait à peine de commencer; en bulbes et en promesses, les champs se préparaient à accueillir les semences. Les familles s'affairaient aux travaux des champs avec beaucoup d'acharnement. En Gaspésie, la saison de croissance est courte et les terres bien fertiles sont rares. Sur les côtes, la pêche était très souvent l'occupation principale des hommes en été. Mais à l'intérieur des terres, la forêt si dense, si difficile à défricher et à mettre en culture, représentait tout un défi aux familles qui s'y étaient installées. Le gouvernement québécois encourageait l'ouverture de paroisses, même dans ces régions éloignées. C'était une mesure pour contrer le chômage et la misère. En dépit de l'isolement, le Neuvième Rang de Saint-Alphonse grouillait de vie, mais il était difficile d'y vivre de l'agriculture.

Pit attela le bœuf à la charrette pour parcourir les champs et ramasser les roches. L'animal était bien dompté pour ces travaux. De trois ans sa cadette, sa sœur Georgette tenait à l'aider. S'ils réussissaient à finir les deux champs avant l'heure du midi, ils iraient au ruisseau pour y pêcher de la petite truite.

— Il m'semble que les roches poussent mieux que les légumes sur cette terre-là, dit Georgette.

— Pourquoi il faut recommencer le ramassage des roches à chaque année ? On dirait qu'il y a quelqu'un qui vient remplir nos champs la nuit, ajouta-t-elle avec un sourire espiègle.

— C'est au père qu'il faut demander ça ; j'suis sûr qu'il aurait une bonne explication, mais insiste parce qu'autrement t'auras pas un mot de lui.

— Oui, t'as ben raison, c'est comme si qu'il gardait tout ce qu'il sait pour lui tout seul.

— L'autre soir, il était avec M. Audet. Ils jasaient tous les deux de quelque chose à propos de la guerre, mais j'ai pas trop compris.

— Ils parlaient sûrement de ce qui était écrit dans le journal. Notre cher gouvernement canadien vient de décider que le service militaire sera bientôt obligatoire au pays pour tous les gars plus vieux que seize ans, ajouta Pit.

— Ouais, c'est ben de ça qu'ils jasaient... Vas-tu être obligé de partir à la guerre ? De t'enrôler ?

— T'en fais pas, Georgette, c'est pas notre guerre, celle-là.

Georgette ne comprit pas vraiment la réponse de son frère. La seule chose qu'elle retenait, c'était de ne pas se faire de souci.

Alors elle chassa de sa tête les nombreuses questions qui s'y trouvaient pour se remettre au ramassage des roches.

— Ça y est, on a fini pour ce matin. On videra la charrette plus tard. Là, c'est le temps d'aller pêcher quelques truites pour ce midi, s'exclama Pit.

Ils entrèrent dans la maison pour informer leur mère du travail complété et de leur intention d'aller pêcher. Jean-Marie, le benjamin, qui trouvait la pêche beaucoup plus excitante que le ramassage des roches, tint à se joindre à eux cette fois.

— Pit, j'aurais ben besoin que tu me rapportes de l'eau en allant au ruisseau, demanda sa mère.

Pendant que les deux jeunes *rapatriaient* les cannes à pêche et s'apprêtaient à dévaler la pente, Pit prépara les barils à remplir d'eau. Il se déchargerait de cette tâche d'abord pour ensuite s'amuser à pêcher. La journée était propice à la pêche, ils auraient sans doute un bon dîner. Comme tous les vendredis, l'interdiction de manger de la viande, prérogative de la religion et de ses représentants, obligeait les pratiquants à manger un mets de poisson. Ici, la mer était loin, mais le ruisseau qui coulait au bas de la pente offrait la meilleure eau du monde et les petites truites y abondaient.

— Me v'là! Attendez, j'vais vous aider... Vous en avez pris combien déjà?

— Tu peux pêcher pour t'amuser si tu veux, Pit, mais le panier est ben plein, dit Jean-Marie avec fierté.

— Tu pourrais commencer à les vider, ajouta le jeune garçon.

En expert attitré, Pit sortit de sa poche le petit couteau qui ne le quittait jamais et il se mit à ouvrir le ventre des petites truites pour les vider de leurs entrailles. Il aurait encore la chance de s'amuser à pêcher, mais en ce moment, la faim le tenaillait. Il voulait avant tout aller manger.

Le repas du midi fut très apprécié de tous sauf, comme à l'habitude, de leur mère, Elmina, qui mangeait toujours si peu qu'on ne pouvait pas vraiment savoir si elle appréciait la nourriture. Son manque de goût pour le poisson était toutefois fort bien connu de tous.

— Il reste trois truites ; si personne ne les veut, j'vais les porter à la chatte noire. Elle devrait avoir ses petits d'un jour à l'autre, il faut qu'elle mange plus, dit Georgette.

Chacun donna son accord et c'est avec enthousiasme qu'elle partit nourrir la chatte. Pit s'était mis à arpenter la cuisine dans un va-et-vient continuel. Comme un animal en cage. Il sortit sur la galerie quelques minutes, faisant ainsi claquer sur la galerie de bois des talons de bottes usés, rentra et ressortit aussitôt. Il exprimait une telle impatience que sa mère osa finalement lui demander ce qui le contrariait.

— Pour l'amour du bon Dieu, tu ne tiens pas en place, Pit ; qu'est-ce qui t'impatiente comme ça ?

— Ben, c'est vendredi ; j'voudrais descendre à Caplan. J'ai besoin de la voiture et du cheval, pis le père n'est pas encore revenu.

Des hauteurs isolées de Saint-Alphonse, les douze kilomètres qui les séparaient de Caplan, sur le bord de la mer, se faisaient comme une douce descente surtout lorsqu'il s'agissait d'aller voir sa bien-aimée. Par contre, lors du trajet inverse le cheval devait travailler doublement plus fort.

Perspicace, sa mère reprit d'un petit air moqueur :

— Il va arriver… Tu vas avoir le temps de la voir, ta Jeanne.

Les évènements le bousculaient. Rentré du chantier depuis maintenant deux semaines, Pit avait seulement passé deux soirées en compagnie de celle qu'il aimait. Il y avait toujours quelque chose pour les empêcher de se rencontrer. À plusieurs reprises, Pit s'était rendu voir Jos, espérant profiter d'un de ses déplacements à Caplan, mais chaque fois ce dernier était parti sans se soucier de l'attendre. Il soupçonnait Jos de le faire exprès. Serait-il jaloux, celui-là ?

L'arrivée de son père dissipa soudainement son impatience et chassa ses idées noires. Pit courut vers lui.

— Vous occupez pas de rentrer la voiture, j'vais faire boire le cheval, pis j'redescends à Caplan tout de suite.

— Ouais! Dis-moi donc...

Léonidas regarda son fils quelques secondes avant de poursuivre :

— Ça s'en vient sérieux avec Jeanne...

Pit répliqua simplement :

— Ça se pourrait... si seulement on arrivait à se voir.

Léonidas lui remit les guides d'un air entendu, caressa la bête et rentra doucement dans la maison.

Jeanne n'avait plus que quelques heures pour se décider. On lui offrait un travail pour plusieurs mois, comme aide-ménagère et également pour les travaux de la ferme laitière. La décision était d'autant plus difficile que cette ferme se trouvait au Nouveau-Brunswick. Elle hésitait à quitter Caplan pour de longs mois et à s'éloigner de Pit. Ils se fréquentaient depuis six mois seulement et, déjà, elle se sentait très attachée à lui. Il leur était toujours difficile de se voir et de passer uniquement quelques heures ensemble. Pit venait à peine de rentrer du chantier de Chandler. Si elle acceptait ce travail, ils ne se reverraient qu'à l'automne. Ensuite, l'hiver reviendrait avec ses chantiers qui faisaient disparaître tous les hommes des villages. Et cette guerre qui ne voulait pas s'arrêter.

Assise sur la première marche de la galerie, Jeanne jonglait avec toutes ces idées, lorsqu'elle vit la voiture de Pit s'engager sur le chemin. Rapidement, elle se leva, défroissa sa jupe pour en effacer tous les plis imaginaires et, par esprit de coquetterie devant l'amour, elle replaça quelques boucles de ses cheveux. Elle se réjouissait de sa visite. Il l'aiderait sûrement à prendre sa décision. Au même instant, sa mère entrouvrit la porte à battant, qui grinça, pour voir qui était le visiteur. Reconnaissant le nouveau venu, elle chuchota à sa fille :

— Tu peux l'inviter à rester à souper si ça te fait plaisir.

Jeanne se retourna vivement et, le sourire aux lèvres, elle répondit :

— Merci, maman.

Plusieurs heures séparaient les amoureux du souper. Complices dans ce moment fébrile de liberté qui s'offrait à eux, Pit saisit la main de Jeanne et, dans un élan de bonheur, il l'entraîna avec lui. Elle était heureuse de se laisser guider ainsi.

Au loin, la mer, si étrangement calme ce jour-là, s'étalait à leurs yeux comme une immense tache d'huile lustrée. Les amoureux étaient assis côte à côte au bord du quai ; l'air salin imprégnait leurs cœurs et leurs vêtements. Ils étaient heureux d'être ensemble. Jeanne ne tenait pas à garder pour elle ses inquiétudes ; bon ou difficile, le partage était son acte d'amour de tout instant. Le regard fixé sur la mer, elle lui livra son dilemme. Puis elle se tut.

Songeur, Pit s'alluma une cigarette. Il aspira à quelques reprises en rejetant violemment la fumée qui s'envola dans le vide, puis il laissa tomber son mégot dans la mer. Il semblait prendre le temps nécessaire pour une bonne réflexion. Jeanne, elle, restait silencieuse. Elle attendait un geste, une parole, un signe… Pit l'entoura de son bras et la rapprocha de lui. Jeanne appuya sa tête sur l'épaule de Pit.

— Le travail est rare. T'es chanceuse qu'on t'offre ça. Tu serais peut-être mieux de le prendre. Il fit une pause et il ajouta :

— On va pouvoir s'écrire. Les semaines vont vite passer.

Jeanne se sentit aussitôt soulagée par ces paroles. Elle ne voulait pas se faire dicter ce qu'elle devait faire, elle cherchait simplement une complicité parce qu'au fond d'elle-même, elle connaissait bien la décision à prendre.

— J'vais y aller, mais à une condition, dit-elle : j'veux revenir à la fin de l'été. Et dire qu'on pourrait passer les plus beaux jours de l'été ensemble si j'restais ici. Et puis, la guerre qui ne finit pas, ça me fait peur...

Ils restèrent suspendus à ces derniers mots, bien réels mais tellement abstraits malgré tout. Seul un doux baiser déposé à la volée réussit à dissiper cette inquiétude et à ramener le bien-être. Comme deux oiseaux fous qui se pourchassent d'amour dans les airs, ils avaient la certitude que rien ni personne ne pouvait les empêcher de s'aimer.

Le lendemain matin, Jeanne quitta Caplan pour se rendre à Campbellton. Tout le long du trajet, elle se rappela les moments de la veille passés avec son amoureux. Les images défilaient dans sa tête, les paroles résonnaient encore dans ses oreilles comme un rêve merveilleux qui se poursuit malgré le réveil. Comment pouvait-elle ne pas croire au bonheur lorsqu'elle ressentait une telle euphorie ?

Finalement, le voyage ne lui parut pas trop long malgré la lenteur du train et l'attente en gare, à

Matapédia, pour le changement de direction vers le Nouveau-Brunswick. À son arrivée, M. Georges Bernier l'attendait comme prévu. Ils échangèrent quelques mots d'usage dans les circonstances, puis plus rien, plus un mot jusqu'à la ferme où elle fut accueillie par une mère et ses six enfants qui se tenaient droits comme des piquets de clôture alignés, avec leurs pantalons ou leurs jupes tous d'une même couleur sablonneuse. Il faut dire qu'à cette époque, les familles manquaient plutôt de ressources, et l'étoffe utilisée pour coudre les vêtements était, plus souvent qu'autrement, teinte dans le thé.

Présentant un de ses enfants, celui qui était le premier tout près d'elle, Mme Bernier formula :

— C'est Paul, mon plus vieux, il a eu douze ans au printemps.

Sur un même souffle, elle enchaîna aussitôt :

— Voilà Marie, Jeannine, Roger et...

Sans même laisser le temps aux enfants de dire quelque chose, comme si le temps pressait, elle reprit :

— ... les jumeaux Francis et Philippe, qui auront un an le 8 juillet. Dites bonjour à Jeanne, les enfants. Elle vient rester avec nous pour l'été.

Certains masquèrent leur timidité derrière des petits rires et d'autres derrière des manches salies par leurs jeux, mais comme ils étaient obéissants, ils saluèrent leur nouvelle gouvernante comme leur mère venait de demander. Ensuite, ils se mirent à s'éparpiller et à courir en disparaissant dans la grange.

— Suis-moi à la maison, Jeanne. J'vais te montrer ta chambre. Tu pourras y déposer tes affaires.

Avec ses jumeaux dans les bras, Mme Bernier partit en direction de la maison. Ses hanches chaloupaient sous son immense tablier. Elle continuait de parler sans même savoir si Jeanne la suivait ou l'écoutait.

À vrai dire, dans les jours qui suivirent, Jeanne comprit que cette dame avait tout simplement besoin de parler sans arrêt. Il importait peu de lui répondre puisqu'elle n'écoutait pas. Faire un signe de la tête, sourire ou encore émettre un petit «oui, oui» suffisait à maintenir le monologue qu'elle imposait sans relâche à Jeanne.

Son mari, au contraire, était le silence en personne, comme tant d'hommes de cette époque. Il quittait la maison tôt le matin pour *faire le train* de ses quarante vaches, puis il partait livrer son lait dans les villages environnants. Il était présent à tous les repas, mais il mangeait en silence et il quittait la table pour un travail qui ne pouvait pas attendre, comme un éternel rituel que la vie lui imposait. L'arrivée de la *noirceur* sonnait la fin de toute activité dans la maison. Georges Bernier travaillait dur et réclamait son droit à sa femme avant une bonne nuit de sommeil.

Jeanne ne mit pas de temps à apprivoiser la routine de cette ferme. Le soir venu, lorsque le silence s'emparait de la maison, elle se retrouvait seule avec sa plume et son papier à lettres. Le plus souvent à la lueur d'une bougie, elle écrivait à son grand amour. Elle lui racontait ses journées, lui disait combien il lui manquait et, tout au bas de la feuille, juste à côté de l'endroit où elle signait *Ta Jeanne*, elle notait sans trop se l'avouer le nombre de jours écoulés depuis son départ. Avant d'éteindre la bougie et de se mettre au lit, elle ouvrait la dernière lettre qu'elle avait reçue de Pit et la relisait. Elle soufflait ensuite sur la bougie, fermait les yeux et s'endormait avec les derniers mots, toujours les mêmes, gravés dans la douceur des nuits : «Je t'aime.»

Les chaleurs s'intensifièrent avec les premières semaines du mois de juillet. Georges Bernier voulait s'acquitter de la livraison du lait le plus tôt possible dans la journée pour éviter les heures chaudes. Ainsi, tous les matins, Jeanne dut participer, elle aussi, à la traite des vaches. À cette époque, comme les filles étaient toujours vêtues d'une jupe ou d'une robe, elles ne portaient jamais le pantalon, même pour traire les vaches. Lorsqu'elles étaient assises sur un petit banc, le sceau entre les jambes, cela faisait en sorte qu'un homme pouvait arriver facilement à se rincer l'œil et percevoir furtivement la douceur des jambes offertes sous le tissu rugueux des jupes étalées. Un beau matin, toujours avare de ses paroles, Georges Bernier ne le fut pas de ses gestes. Il profita d'un moment où Jeanne et lui étaient seuls dans la grange pour s'adonner à des gestes d'affection très intentionnés en voulant la caresser à son insu. Surprise et choquée, Jeanne réussit à se libérer de son étreinte à cris étouffés, mais bien sentis, et à s'enfuir de la grange.

Elle était tellement indignée du comportement de cet homme marié et père de six enfants qu'il lui fallait absolument quitter immédiatement cette ferme. Toutefois, elle ne pouvait se permettre de faire allusion aux évènements qui venaient de se produire pour expliquer son départ précipité. Dans un mensonge qui voilait toute l'impudeur de son mari, Jeanne confia alors à Mme Bernier que la lettre de sa mère, reçue la veille, lui demandait de rentrer dès maintenant. Ce mensonge était d'autant plus facile que ces gens ne savaient ni lire ni écrire. Jeanne ne risquait rien à se protéger des accusations ou du drame que pouvait causer cette affaire.

C'est ainsi que Jeanne quitta la ferme laitière le jour même pendant que les enfants restaient perplexes, ignorant les raisons réelles du départ de leur nouvelle gouvernante. Jeanne avait pleinement encaissé le salaire d'un mois de travail. Elle se fit déposer au village et, sans regret, elle se mit à marcher longuement en direction de la gare. Elle croisa le marchand du magasin général, qui la reconnut aussitôt. Il était un bon client de la ferme. Avec empressement, il lui demanda :

— Où vas-tu comme ça avec ta valise à la main, ma belle ?

— ... À la gare.

— Tu travailles plus chez Bernier ?

— Non, répondit-elle, sans ajouter aucun détail qui aurait pu se convertir en ragot dans ce petit patelin.

— Qu'est-ce que tu dirais de venir à la maison ? Ma femme est malade depuis un bon bout de temps, pis moi, avec le magasin, j'en ai beaucoup sur les bras. Ça ferait ben mon affaire.

Jeanne décida de profiter de l'occasion, mais en précisant toutefois qu'elle rentrerait chez elle au plus tard à la fin du mois d'août. De plus, elle prit soin de lui demander de ne rien dire à Georges Bernier. Elle s'inquiétait de la réaction de ce dernier. Elle réussit à avoir la parole du marchand et, du même coup, il lui fit un clin d'œil complice. Ce fut donc à ces conditions que l'entente fut conclue.

— C'est un vrai cadeau du ciel de t'avoir croisée, ma coquette, lui dit-il.

Pendant les premières semaines, rien ne vint perturber le travail de Jeanne. Elle s'occupait à garder la maison propre, à préparer les repas et à tenir compagnie à la femme du marchand, qui passait la plupart de son temps au lit en raison de sa maladie qui la rendait si faible. Quant au marchand, il était absent la plus grande partie de la journée puisqu'il s'occupait du magasin. Cependant, un bon matin, alors que Jeanne sortait de la salle de bain, le marchand lui barra le chemin dans le haut de l'escalier en plaçant tout contre le mur son long bras poilu, ses manches de chemise remontées jusqu'aux biceps. Riant sous cape, il tenta maladroitement de l'embrasser. Jeanne le repoussa violemment, au point qu'il perdit pied et dégringola les premières marches en laissant échapper quelques jurons bien sentis, blessure de l'ego. Lorsqu'il reprit son équilibre, trois marches plus bas, Jeanne lui proféra avec colère :

— Encore un autre qui cherche à profiter d'une femme... J'resterai pas dans cette maison plus longtemps.

Elle fit immédiatement sa valise, réclama l'argent qu'il lui devait et quitta la place. Encore une fois, elle se jura de ne rien dire sur les vraies raisons de ce départ précipité. L'époque était ainsi ; on taisait ces comportements, véritables tabous que les femmes, moins naïves qu'il n'y paraissait, s'empressaient d'oublier.

Les amoureux s'étaient promis de s'écrire fréquemment et de se retrouver à la fin de l'été. Pit venait tout juste de recevoir la première lettre de Jeanne. Il était impatient de lire ce qu'elle lui racontait, mais comme le bureau de poste ne lui offrait pas vraiment l'intimité dont il avait besoin pour apprécier sa lecture, il se contenta de glisser l'enveloppe dans sa poche de pantalon. Au même moment, son ami Jos s'apprêtait à quitter les lieux. Sa journée de travail était terminée. Constatant que Pit était venu à pied, il s'offrit de le ramener en voiture. Pit apprécia

grandement cette offre et accepta sans hésitation.
En ce début de juillet, faire le trajet à pied du village
à chez lui, sous un soleil de plomb, pouvait être
pénible et très long surtout lorsqu'on a une douce
lettre d'amour à lire.

Une fois de plus, Jos profita de la situation pour
tenter de satisfaire sa curiosité. Il se demandait bien
qu'est-ce qui, chaque jour, amenait Pit à la poste
pour y prendre le courrier. En temps normal, il ne
s'y rendait qu'une fois par semaine.

— Ça doit donc être important c'te lettre-là...

— Jeanne est partie travailler au Nouveau-Brunswick
pour l'été. On a promis de s'écrire.

— Dis donc, ça dure vos amours. Tu devrais peut-
être te marier tout de suite ; comme ça, tu pourrais
éviter l'enrôlement. Parce que si ça continue comme
ça, on va être pris pour y aller à cette maudite guerre.

Allaient-ils faire comme ces centaines de couples
qui, le 12 juillet 1940, s'étaient lancés dans une course
folle au mariage pour contourner la loi sur l'enrôlement obligatoire des jeunes hommes célibataires ?

Pit savait pourtant que ça ne servirait pas à grand-
chose. L'idée du mariage lui avait effleuré l'esprit
comme à bien des jeunes hommes. Il ne faisait pas
exception. Mais il ne croyait pas qu'il suffisait de
se marier pour éviter la conscription. Tôt ou tard,
tous les hommes risquaient de devoir se soumettre.

Non, lorsqu'il pensait au mariage, il rêvait d'autre
chose que simplement repousser le moment de
l'engagement militaire. Se marier, c'était débuter une
nouvelle vie à deux. Mais pour cela, ça prenait un
toit pour se loger et un bon travail pour fonder une
famille. En ce moment, il y avait beaucoup trop
d'incertitudes ; alors, à quoi bon se marier s'il leur
était impossible de vivre la vie d'un couple marié ?

Il savait que la guerre prendrait fin un jour et leur mariage serait alors possible. Il en appelait ainsi de tout son être.

Jos le déposa chez lui et il ne resta pas pour en savoir davantage. La droiture de Pit incitait au silence et Jos n'insista pas. Songeur, Pit se rendit au ruisseau, s'installa confortablement à l'ombre d'un arbre, près de la berge, et pendant un court un instant, il écouta les bruits de l'eau qui s'infiltrait comme des serpents entre les rochers. Les bruits de la nature étaient pour lui comme un baume sur une plaie vive. Il lui fallait profiter de ce moment intime où les mots sur la feuille de papier allaient enfin prendre vie. Il les toucha comme une caresse qu'il aurait aimé donner à celle qui ne le quitterait plus, même en pensée. Il se mit à remercier intérieurement l'inventeur de l'écriture et du rêve.

Son propre père écrivait et lisait beaucoup et, aux dires de certains, il était l'un des hommes les plus instruits du village. Il avait même étudié jusqu'à l'âge de vingt et un ans. Comment était-ce possible ? Sans doute avait-on espéré en faire un prêtre. Jamais son père n'avait fait allusion à cela. En toutes circonstances, il avait été un homme droit et très discret, mais il le devenait encore plus lorsqu'il s'agissait de son histoire personnelle. Pendant les dernières élections, celles d'octobre 1939 et celles de mars 1940 qui avaient suivi, les conseillers et les députés venaient même le voir souvent pour rédiger leurs lettres aux ministres. Pour plusieurs, il était en quelque sorte l'écrivain public.

Un beau jour, Pit reçut la lettre qui lui annonçait enfin le retour de Jeanne. Ils se reverraient bientôt.

Après tout ce temps, les retrouvailles furent presque intimidantes. Les amoureux étaient très heureux de se revoir et, malgré la gêne que peut apporter une longue séparation, les premières heures passées à se raconter l'un à l'autre avaient suffi à faire disparaître toute la distance que le temps avait subtilement imposée.

L'automne revint avec ses chantiers. Dès la fin de septembre, Pit repartit pour Chandler, cette fois-ci comme bûcheron. Jeanne et lui seraient à nouveau séparés pour plusieurs mois, mais ils allaient, bien sûr, s'écrire et rêver d'être ensemble et encore, encore, s'attendre. Leur amour était plus fort que tout et leur donnait le courage de traverser une autre période de séparation. Ils arrivaient à se consoler en pensant que le chantier de Chandler, c'était tout de même mieux que l'armée. La situation de guerre demeurait inquiétante même si le premier ministre du Canada, Mackenzie King, avait bien dit que son gouvernement n'imposerait pas aux Canadiens la conscription pour le service outre-mer.

Monter dans les chantiers à l'automne permettait aux jeunes de travailler et, ainsi, d'assurer un revenu d'appoint substantiel pour ces familles d'agriculteurs et de pêcheurs gaspésiens. Parfois, on s'y retrouvait presque en famille et à plusieurs d'un même village. Chaque hiver, c'est par milliers que des Québécois de partout se faisaient bûcherons, maniant la hache et la sciotte d'octobre à mars.

Cet hiver-là, le froid s'installa rapidement pour de bon et la neige débuta très tôt en novembre. Pendant les premières semaines, Pit bûcha de l'aube à la tombée de la nuit, six jours par semaine. Mais en décembre, ce fut le *charroyage* des cordes de bois qui commença. Il fallait glacer les chemins de halage pour que les traîneaux chargés de bois circulent facilement. Le glaçage se faisait pendant la nuit à l'aide d'un gros tonneau rempli d'eau monté sur un traîneau chaussé de skis, tiré par un cheval. Pit fut alors mis en charge du glaçage. Il devait d'abord ramasser le crottin de cheval et débarrasser les chemins de tous les débris encombrants pour éviter le dérapage des traîneaux. Grâce à son travail assidu, chaque nuit, les chemins étaient balisés et recouverts d'une fine couche d'eau qui glaçait au contact de la neige. Quand il rentrait au bercail au petit matin, le camp était plutôt calme et les dortoirs silencieux. Parfois, il percevait les bruits des plats et des casseroles du cuisinier qui s'affairait à préparer le déjeuner pour les bûcherons qui ne tarderaient pas à se pointer. On s'activait aussi au bureau du contremaître et à la forge.

Décembre avançait au calendrier, rapprochant tout le monde de Noël. Les discussions se faisaient de plus en plus vives entre les travailleurs. Ils voulaient tous passer Noël en famille, mais ils savaient bien que le chantier ne fermerait pas et qu'un bon nombre d'entre eux y resteraient. Il fut alors clairement établi que les équipes de glaçage étaient indispensables. Ainsi Pit dut se rendre à l'évidence : il devrait passer Noël au chantier.

La veille de Noël, le vicaire arriva au camp. Il avait profité de la carriole du commis pour monter afin d'entendre les hommes en confession. Il leur fut possible ainsi de communier pendant la messe de minuit organisée sur place. La célébration religieuse fut suivie d'un réveillon. Les hommes tassèrent les tables dans un coin. La fête commença lorsque les frères Babin sortirent leur *musique à bouche*, leur violon et les cuillères de bois dur. Mais nul n'était dupe ; avec la musique et les chansons à répondre, on essayait surtout d'oublier ses proches et les veillées en famille.

Pour sa part, Pit avait le cœur à crier. C'était le souvenir de sa rencontre avec la belle Jeanne, le dernier Noël, qui prenait toute la place. Il aurait tant voulu être auprès d'elle ce soir. Jeanne, si belle Jeanne...

Le travail reprit le lendemain de Noël, après une seule journée de répit. Chaque jour, des travailleurs revenaient de leur congé. Ils rapportaient avec eux du tabac, des bas de laine nouvellement tricotés et quelques petits flasques de gros gin ou de caribou. Une semaine plus tard, le premier de l'An, tous les hommes étaient à nouveau prêts à fêter et ils s'encouragèrent à vider les flacons d'alcool et surtout à oublier un instant cette grande solitude qui les habitait.

Le chantier dura jusqu'en mars. Septembre était si loin derrière eux. Pit ramassa ses vêtements et, avec précaution, il compta les lettres qui marquaient les six longs mois de séparation. Il les ficela et il déposa précieusement ce trésor au fond de son sac.

Dix heures de marche le mèneraient au village. Ce n'était pas une corvée, car Pit se sentait transporté par l'image de celle qui l'attendait quelque part.

Sur le chemin du retour, il s'arrêta passer une nuit chez sa sœur Jane qui habitait New Carlisle et, le lendemain matin, il se rendit chez Polon Poirier, le père d'Anita, elle-même la femme de son frère Philippe, qui habitait la grande ville de Montréal. Pit était certain d'y trouver Jeanne, car elle devait y travailler quelque temps. Pit se sentit nerveux au moment de frapper à la porte, mais lorsqu'il reconnut son frère Philippe,

qui vint lui ouvrir, sa nervosité disparut au profit de
la surprise. Il balayait la cuisine du regard, espérant
voir apparaître Jeanne quand son frère lui dit :

— Jeanne n'est pas icitte. Elle n'est pas à Caplan
non plus. Tu vas la trouver chez Audet, à Saint-
Alphonse. C'est là que je m'en vais. Je t'amène ?
J'ai la voiture prête en arrière.

— J'demande pas mieux.

Il salua les Poirier et prit congé. Il se roula une
cigarette en attendant l'arrivée de son frère qui
terminait sa conversation avec ses beaux-parents.
Il se sentait soulagé maintenant qu'il n'aurait pas à
marcher pendant des heures pour rentrer chez lui.
Et dire que Jeanne se trouvait à Saint-Alphonse par
surcroît ! Une fois qu'ils furent arrivés chez les Audet,
Pit sauta de la voiture et dit à Philippe :

— Attends-moi un peu, j'continue avec toi jusqu'à
la maison.

Comme c'était samedi, Pit se disait que Jeanne
serait bien occupée, mais demain, ce serait congé. Ils
auraient la journée pour eux. Au moment où il grimpait
les premières marches, Jeanne sortait de la maison.
Elle oublia son tablier, ses cheveux en chamaille et
avec le plus grand des bonheurs, elle se blottit dans
les bras de son amoureux en répétant tout bas :

— Enfin, t'es là... t'es là, mon beau Pit.

Ils s'embrassèrent fougueusement avec toute l'intensité de deux amoureux qui se retrouvent après une
trop longue séparation. Aucune parole, aucun mot,
seule leur étreinte se faisait entendre. Et fort.

— Il faut que tu rentres, tu vas prendre froid. On
est juste en mars, lui dit Pit, mais il ne la laissait pas
partir.

— J'ai pas froid dans tes bras ; surtout quand tu
me serres comme ça.

— J'suis tellement heureux de te revoir. Si tu savais comment j'me suis ennuyé pendant tous ces mois.

— Enfin, t'es là! répéta Jeanne à nouveau.

— Es-tu en congé demain?

— Toute la journée.

— J'viens te chercher au matin. On passe la journée ensemble.

Il passa délicatement sa main contre le visage de Jeanne, comme s'il suivait le pourtour d'une porcelaine délicate. Le temps passé loin d'elle fut oublié. Il retrouva la douceur qui lui avait tant manqué et il l'embrassa tendrement.

— À demain.

C'est à reculons qu'il revint vers la voiture.

— À demain, répéta Pit et il se mit à courir, ayant en tête la seule idée d'être déjà au lendemain.

CHAPITRE 4

Le camp 55

LES SAISONS DESSINENT PARFOIS LE BONHEUR. Ce printemps 1941 était bien décidé à continuer sa course vers l'été. Il restait encore quelques petits amas de glace dans les bois, comme des taches disparates de neige de sel gelée, mais le soleil plombait avec tant d'ardeur qu'on sentait qu'il arriverait sans difficulté à les faire disparaître. Comme à son habitude, Pit revenait du petit pont à Kelly par le sentier forestier. Son panier était bien rempli de petites truites ; la pêche avait été bonne. Il arriva chez lui par-derrière la grange et il traversa le clos où les animaux mangeaient. Ceux-ci appréciaient l'herbe fraîchement poussée. Il aperçut son père, penché au-dessus de la sarcleuse, en train de la rafistoler pour la remettre en état. Il en aurait besoin dans les prochains jours. Pit s'arrêta près de lui.

— Avez-vous besoin d'un coup de main, son père ? lui demanda-t-il.

— Oui, j'veux ben, mais avant, on va rentrer ensemble à la maison.

Le ton de sa voix n'affichait plus la même désinvolture.

Oubliant ses outils, le père continua :

— On a reçu une lettre du gouvernement canadien à ton nom.

L'inquiétude qui se lisait déjà sur le visage du père s'amplifia à la lecture de la lettre. Son fils devait se présenter au camp militaire 55 à Rimouski. Ce camp servait à l'entraînement des recrues. Depuis un certain temps déjà, Léonidas craignait qu'ils n'aient, destinée ou malchance, à faire face à cette obligation.

Pit resta muet. Il se sentait envahi par un sentiment d'impuissance. Ces quelques mots seulement sur cette feuille de papier venaient de faire basculer le cours de sa vie. Une deuxième feuille de papier était jointe à la lettre. Son père s'en saisit et cette fois, il poussa un soupir de soulagement.

— T'as droit à une exemption jusqu'à la fin de l'été parce qu'on est cultivateurs! On doit leur répondre pour dire que t'es pas disponible avant l'automne.

— Trois mois par icitte, c'est quand même mieux que trois mois dans l'armée, répondit Pit. Pis, on sait pas, d'ici l'automne, la guerre va peut-être ben finir.

En effet, ce délai pouvait apporter bien des changements et, entre-temps, il permettait de nourrir un mince espoir sur la fin de cette guerre. Dès le lendemain, la demande d'exemption fut déposée au bureau de poste du village. Puis l'été s'écoula dans le décompte des couchers de soleil et sans autres nouvelles du gouvernement canadien.

Les grandes récoltes étaient terminées. Le fourrage bien engrangé assurerait la subsistance des animaux durant l'hiver. Les légumes de réserve, comme les pommes de terre, les carottes et les navets s'entassaient dans un caveau à même la terre, à côté des barils de lard salé. Les activités agricoles tiraient à leur fin. L'été s'achevait et laissait place à un temps plus frais et incertain.

Pit et Jeanne s'étaient fréquentés régulièrement durant les beaux jours. La vie semblait si simple. Lorsqu'on ne lisait aucun journal, on pouvait presque s'imaginer que cette guerre n'était qu'un mauvais rêve.

Mais avec l'automne 1941 arriva une nouvelle lettre du gouvernement canadien. Cette fois-ci, il n'y avait aucun recours possible, aucun délai additionnel n'était accordé. Pit avait l'obligation de se présenter au camp militaire de Rimouski, au plus tard le 7 octobre. Les jours étaient maintenant comptés avant son départ.

Cette lettre eut l'effet d'un rappel brutal. Les grands titres des journaux sur lesquels Pit s'était arrêté au cours des derniers mois lui revinrent en mémoire. «TOUTE LA FRANCE EST SUR UN PIED DE GUERRE» ou encore dans un autre «À LONDRES, ON RÉSERVE LES HÔPITAUX POUR LES BLESSÉS». Et cet air de destin funeste continuait à hanter les esprits.

Le matin du 6 octobre, Pit ramassa ses vêtements et prépara son sac de voyage. Il ne fallait surtout pas oublier le papier à lettres, les enveloppes, l'encre et la plume. Il écrirait à Jeanne aussi souvent que possible. Hier, ils avaient passé la journée ensemble. Ils s'étaient fait plusieurs promesses, dont celle de s'attendre et de se revoir dès qu'il obtiendrait son premier congé.

Sur le quai de la gare de Caplan, Pit déposa son bagage à ses pieds et, nerveusement, il s'alluma une cigarette. Son père et sa sœur Georgette l'accompagnaient pour ce départ qui laissait à chacun un goût amer. Jeanne et son frère Jean-Paul arrivèrent presque au même moment. Ils étaient ainsi tous rassemblés autour de lui. Pit, lui, ne regardait que Jeanne. Il écoutait à peine les conseils de son père et encore moins les propos de Jean-Paul qui racontait pourquoi l'armée avait refusé qu'il devienne une future recrue.

Alors que les lamentations du train se faisaient entendre et qu'une première secousse de la carcasse métallique annonçait le départ imminent, Pit s'approcha de Jeanne et la serra dans ses bras pendant un long moment. Une fois encore, son cœur voulait crier cette séparation. Ils étaient toujours enlacés lorsque le train fit mine de se mettre en branle... Après un baiser, Pit dit à sa bien-aimée :

— On va se revoir bientôt, j'te le jure. Sois patiente ; tu sais que je t'aime pour toujours, ma Jeanne.

Jeanne se devait d'être courageuse, c'est vrai, mais c'était une femme bien déterminée. Elle saurait avoir une vie heureuse. Elle avait confiance en la vie et elle aimait cet homme, mais elle craignait le pire pour lui.

— Je t'aime, Pit. Fais ben attention à toi. Pis, viens me revoir vite... avec tous tes morceaux.

Une dernière étreinte et encore un dernier baiser, comme si Pit faisait des provisions d'amour. Puis, digne et solennel, son père lui fit une accolade et prit soin de lui rappeler de ne prendre aucun risque. Empoignant son sac d'un geste rapide, Pit s'agrippa au bras d'embarquement et sauta sur la marche du train qui amorçait son départ. Jeanne demeura sur le quai, le visage tourné vers celui qui la quittait, l'amour en bandoulière, pour faire son entrée aux portes de l'ennemi. Quand allaient-ils se revoir ?

Le train s'éloigna. Jeanne le voyait disparaître à travers ses yeux remplis de larmes. Elle sortit un mouchoir et s'essuya les joues devenues rougies par tant d'émotions. Elle se retourna lentement en tentant de masquer ses larmes, mais elle vit que tous affichaient un visage à la fois triste et inquiet. Il fallait absolument que quelqu'un dise quelque chose afin de dissiper la lourdeur de cette ambiance. Léonidas, qui cachait sa tristesse du mieux qu'il pouvait, se racla la gorge à quelques reprises et dit finalement :

— Allez, tout le monde en voiture, le vent est pas chaud... j'vous ramène.

Ainsi le vent avait-il permis de cacher sa peine et d'oublier temporairement le temps qu'il faudrait attendre avant le retour de Pit.

Sur le chemin de la gare, les voitures allaient et venaient à chaque passage de train. Les gens des villages aimaient beaucoup se rendre à la gare, simplement pour voir qui arrivait et qui partait. Aujourd'hui, plusieurs familles s'étaient retrouvées sur le quai. Leurs échanges revenaient souvent sur les pays en guerre. Les familles épargnées par la conscription étaient plutôt rares.

Léonidas voyait partir son premier fils. La vie lui envoyait un signe brutal. Homme calme et raisonnable, il avait senti, au cours des derniers jours, que sa résignation faisait place à un vent de colère et de frustration. Cette guerre ne les concernait pas vraiment, eux, les Canadiens français. Il se souvenait bien qu'au début des hostilités, Mackenzie King lui-même avait dit que cette guerre n'était pas celle du Canada. En effet, aux yeux de beaucoup de Québécois francophones, cette guerre était avant tout européenne et britannique. Par conséquent, elle ne justifiait pas une participation totale de la population canadienne.

Léonidas entreprit de mieux connaître la famille de Jeanne. Celle-ci lui apprit que son frère Émile s'était enrôlé volontairement. Depuis un mois déjà, il était parti vers l'Europe à titre de chauffeur de camion. Mais sa famille était toujours sans nouvelles depuis son départ. Il était bien vrai qu'un mois, c'était court dans ces années difficiles, pour assurer le courrier venant de l'Europe. Ils se devaient sans doute d'être plus patients. Jean-Paul expliqua, pour sa part, le déroulement de son examen médical au bureau de recrutement de l'armée.

— J'ai défilé devant plusieurs officiers et médecins militaires. Après avoir rempli une pile de documents pis m'avoir examiné de la tête aux pieds, ils ont déclaré que ma santé était trop fragile pour le service militaire.

Léonidas arrêta la voiture devant la maison des Bujold. Jeanne et son frère le remercièrent chaleureusement. Chacun se voyait retourner à sa part de solitude.

— Viens nous voir de temps en temps si tu peux, exprima Léonidas. On s'échangera les nouvelles. J'imagine que Pit va t'écrire souvent, dit-il en s'adressant à Jeanne.

— Vous pouvez compter sur moi, répondit-elle.

Léonidas et sa fille Georgette prirent la route vers Saint-Alphonse. Elmina les attendait à la maison.

Par fierté et force de caractère obligées, elle avait préféré demeurer chez elle au lieu de venir verser un lac de larmes au vu et au su de tout le monde.

Pit se présenta au camp militaire tel qu'il avait été exigé. Dès son arrivée, il fut pris en charge par le responsable des nouvelles recrues, qui lui attribua un numéro de hutte et un numéro de lit. La hutte était un grand dortoir pouvant accueillir soixante hommes. Au centre se trouvaient les toilettes, les lavabos et les douches. Le strict minimum. Il y avait au moins dix huttes de ce genre sur le terrain du camp militaire. Les cuisines et le réfectoire se situaient dans un bâtiment à part. Il y avait aussi des bureaux et un centre médical.

Chaque recrue devait d'abord passer une évaluation médicale pour déterminer son aptitude physique et psychologique à intégrer les rangs de l'armée. Autrement, toute personne jugée inapte était exemptée et retournée chez elle.

Pit était attendu au centre médical à deux heures de l'après-midi, le jour de son arrivée. Ils étaient nombreux dans cette salle d'attente. Pit se mit à jaser avec son voisin de droite :

— Je t'ai aperçu sur le train ; tu viens d'où ? lui demanda Pit.

— J'viens de Caplan, je m'appelle Patrick Querry.

Pit fut surpris d'entendre qu'il était de Caplan. Ils avaient donc tous les deux pris le train à la même gare. Il faut dire que Pit était demeuré indifférent à tous ces gens présents à la gare lors de son départ. Il ne s'était préoccupé que d'une seule personne.

— Et bien, moi, j'viens de Saint-Alphonse. Je suis
Antonio Allard, mais tout le monde m'appelle Pit...
Pit Allard.

Ils furent interrompus quand on appela Patrick
Querry, qui se leva aussitôt et entra dans le bureau
du médecin. Pit ne pouvait garder ce silence mortel
qui envahissait peu à peu les hommes à se préparer
à la bataille qu'ils ne souhaitaient pas. Il se tourna
vers son voisin de gauche.

— Bonjour, lui dit-il, moi, c'est Pit Allard.

— Moi, c'est Thibault, Léopold. J'viens du village
Coin-du-Banc ; c'est entre Gaspé et Percé.

— Je connais, dit Pit.

Ils poursuivirent leur conversation pour faire plus
ample connaissance pendant un bon moment. Thibault lui apparaissait bien sympathique. Puis, ce fut
au tour de Pit d'être appelé au bureau du médecin.

— Entrez, Monsieur Allard. Je suis le docteur Saint-
Laurent.

Sans surprise, l'examen médical révéla que Pit était
tout à fait apte à joindre les rangs de l'armée. Un pas
de plus, peut-être de trop, venait d'être franchi.

Les premières semaines au camp militaire lui semblèrent durer une éternité. Chaque jour se déroulait
exactement de la même manière : après un réveil
plutôt brutal, il fallait faire son lit et rouler le matelas
avec ses couvertures. Une fois le déjeuner avalé, ils se
rendaient tous dehors, ils prenaient leur position en
rang pour répondre à l'appel des présences. Ils s'activaient par la suite à enchaîner une série d'exercices
destinés à les endurcir. Tout cela se déroulait sous les

ordres d'un commandant inflexible à qui les nouvelles recrues devaient une obéissance totale.

Le climat dans lequel les troupes s'entraînaient était plutôt tendu. Il était rare qu'un soldat puisse ouvertement émettre un commentaire ou encore demander un simple conseil. Ils étaient placés volontairement dans des situations périlleuses lors des entraînements et la devise enseignée était : *Il faut te débrouiller seul.* L'armée ne visait qu'à amener les recrues à s'engager en tant que soldats actifs. Pour atteindre cet objectif, celle-ci proposait à plusieurs une formation complète en mécanique automobile. Signer pour cette formation leur permettait d'éviter l'entraînement au canon et à la mitrailleuse. On leur disait que les soldats spécialisés en mécanique ne seraient jamais en première ligne au front, qu'ils seraient placés en arrière pour réaliser les réparations nécessaires aux véhicules endommagés lors des combats. Ainsi, on leur faisait croire à la possibilité d'une voie d'évitement aux risques connus de la guerre. Dans un tel contexte, la décision était facile à prendre. Comme Pit ne désirait aucunement devenir de la chair à canon, ni d'en fabriquer avec ceux du camp dit «ennemi», c'est dans cet esprit qu'il signa pour quatre mois de formation à Rimouski.

En dépit du fait qu'il était maintenant soldat, Pit trouvait une satisfaction à apprendre les bases de la mécanique automobile. Il était doué d'une grande dextérité manuelle ; son intelligence et son pragmatisme jouaient en sa faveur. Il avait tissé des liens d'amitié avec Léopold Thibault qui, comme lui, suivait le cours de mécanique. Depuis le début des cours, les journées et les semaines avaient semblé passer plus rapidement. Pit ressentait les bienfaits de cet apprentissage. La solitude et la détresse des premières semaines étaient disparues. Par contre, l'ennui venait toujours le tourmenter et le manque de liberté contribuait, par moments, à soulever chez lui un certain désespoir face à cet état des choses sur lesquelles il ne pouvait rien changer. Il se sentait pris au piège, impuissant. Il devait se résigner et accepter ce qui lui arrivait. Mais pour lui qui, à vingt-deux ans, connaissait le grand amour de sa vie, il était inconcevable de passer tout ce temps à se préparer à faire rouler la machine de guerre. Il avait des rêves, de grandes ambitions pour Jeanne et lui. Il pensait sérieusement à faire sa demande en mariage.

Les semaines passèrent et les mois s'allongèrent, interminables, depuis ce pénible 7 octobre. Jeanne recevait régulièrement des lettres de Pit. Elle s'était rendue à quelques reprises chez les parents de son amoureux pour leur donner des nouvelles de leur fils. De son côté, Jos Dugas, qui aimait bien aller voir Jeanne, ne s'en était pas privé depuis le départ de Pit. Il offrait à la jeune femme une promenade en voiture sous prétexte de la distraire et de lui éviter l'ennui. Mais en réalité, il désirait profiter de l'absence prolongée de Pit pour se rapprocher d'elle. Il aurait tant aimé pouvoir la courtiser. De son côté, Jeanne, qui ne doutait aucunement de la solidité de sa relation avec Pit, trouvait effectivement agréable la compagnie de Jos. Ce lien était pour elle une amitié à conserver. C'est ainsi qu'à sa demande, Jos n'osa refuser de l'accompagner pour une courte visite à la famille de Pit.

Ces visites permettaient à Jeanne et à Elmina de se rassurer l'une l'autre. Si la mère de Pit hésitait à la questionner de peur d'être indiscrète, Jeanne en revanche sentait bien son désir d'apprendre quoi que ce fût de neuf à propos de Pit. Elle était donc généreuse avec Elmina, lui lisant même parfois certains passages d'une lettre récemment reçue. Elmina lui exprimait sa reconnaissance avec sincérité. Une complicité s'installait au gré des échanges et maintenait l'espoir chez ces deux femmes qui, chacune à sa manière, vouaient beaucoup d'amour au même homme.

L'hiver s'installa peu à peu et la neige poussa tout le monde à se préparer pour Noël. Jeanne espérait chaque jour recevoir une lettre de Pit, lui annonçant sa visite. Mais plus les jours passaient, plus il lui apparaissait improbable qu'ils se revoient. Finalement, quelques jours avant Noël, elle reçut une lettre dans laquelle Pit écrivait, avec un grand bonheur dans les mots, qu'il avait obtenu un congé pour le jour de l'An. Jeanne s'organisa pour se rendre sans délai à Saint-Alphonse transmettre la bonne nouvelle à la famille de son amoureux.

— Dans sa lettre, il précise qu'il va être ici le 31 décembre, dit Jeanne.

Elle sautillait sur place sans s'en rendre compte, tellement qu'Elmina dut lui mettre la main sur les épaules. Elles s'enlacèrent, heureuses comme deux fillettes.

— Nous irons le chercher au train, dit son père... beau temps mauvais temps... On va enterrer l'année '41 tout le monde ensemble. Pour de bon.

Quel bonheur ils auraient de se revoir! Jeanne était radieuse depuis l'arrivée de cette lettre. C'est vrai qu'elle passerait un deuxième Noël sans lui depuis leur première rencontre en décembre '39, mais cette fois, ils allaient débuter la nouvelle année réunis. Cela lui sembla, un bon présage, au-delà de toute attente.

Ce 30 décembre parut interminable à Pit et à son ami Thibault. Ils avaient obtenu la permission de se rendre dans leur famille pour une durée de cinq jours. Afin d'étirer leur séjour le plus possible, ils décidèrent de prendre l'*Express* de nuit.

— J'suis prêt à partir, dit Léopold. J'vais aviser le commandant. Viens nous rejoindre.

— Partez pas sans moi! Il est pas question que j'manque le train.

Quelques minutes plus tard, quand Pit sortit les rejoindre, la neige s'était mise à tomber et le froid glacial qui sévissait depuis les derniers jours semblait disparaître. La nuit lui appartenait et, demain, il serait avec ceux qu'il aimait tant. Il sentait même la joie de vivre renaître en lui.

Le train arriva avec un peu de retard sur l'horaire prévu, mais le contraire était plutôt rare en ces temps-là. Les wagons étaient bondés, les gens riaient et parlaient fort. C'est comme s'ils allaient tous à la même fête. L'ambiance était joyeuse en cette dernière journée de l'année. Les deux jeunes hommes finirent par trouver deux sièges dans le wagon fumeurs. Ils pouvaient se détendre maintenant. Le train roulait, et d'ici quelques heures, ils seraient rendus à destination.

À 7 heures du matin, l'*Express* entra à la gare de Matapédia et s'immobilisa dans un souffle de métal exténué. Le contrôleur avertit les passagers qu'il y aurait plusieurs heures d'arrêt. Pit et Léopold abandonnèrent ainsi leurs bagages sur place et quittèrent le train pour passer ces quelques heures à l'hôtel, face à la gare. Les heures d'attente seraient moins longues. Mais à peine étaient-ils assis à l'hôtel que leur train se mettait en marche pour quitter la gare. Dans un moment de panique, Pit s'empressa de dire au serveur :

— Oublie not' commande, not' train s'en va.

Il se tourna d'un coup sec vers Léopold :

— Vite, on manque not' train.

Les deux hommes sortirent de l'hôtel comme un coup de vent et se mirent à courir à grandes enjambées dans la neige afin de rattraper le train dont les roues grinçaient déjà sur le métal mouillé des rails. Malheureusement, le train partit, laissant Pit et Léopold sur le quai, furieux et les mains vides.

— Il faut qu'on aille à la prochaine station pour le rattraper. On va prendre un taxi... mais on est mieux d'aviser le chef de gare de s'occuper de nos bagages, qui sont restés à bord, dit Pit.

Le chef de gare les rassura :

— Vous en faites pas, j'vais tout de suite faire ce qu'il faut pour que vos bagages descendent à la bonne place. Bonne chance pour rattraper le train !

Le chauffeur de taxi fit de son mieux pour répondre à leur demande, heureux de sortir de sa routine et de rouler à grande vitesse au plaisir de ses clients.

En arrivant à la gare de Pointe-à-la-Croix, les jeunes hommes remarquèrent que le quai était vide. Le train était sûrement parti depuis un moment déjà. Le chef de gare leur confirma qu'il y avait au moins vingt minutes que le train était reparti. Ils étaient déçus d'avoir échoué. Ils remercièrent le chauffeur de taxi après l'avoir grassement payé pour cette course contre la montre.

— Bon, il nous reste plus qu'à rentrer à pied, s'exclama Léopold.

Pit le regarda d'un air surpris et comprit rapidement que son ami blaguait au moment où, ne pouvant plus retenir son air sérieux, ce dernier éclata de rire. Son rire devint contagieux et les deux hommes se laissèrent aller dans un fou rire incontrôlable.

Ils prirent la décision de se rendre chez des connaissances, au village, d'y passer la nuit et de reprendre le train le lendemain matin.

Ils arriveraient... avec un jour de retard.

Pendant ce temps, *l'Express* du 31 décembre, comme on l'appelait, roulait de gare en gare. À Caplan, sur le quai, Léonidas, Georgette et Jeanne piétinaient la neige avec impatience et faisaient les cent pas en attendant Pit. Les dernières minutes d'attente leur permirent de se parler des fêtes du soir pour enterrer la vieille année et commencer la nouvelle.

Finalement, le train se pointa et fit son entrée. Les gens s'attroupèrent près des sorties pour accueillir les passagers qui se bousculaient pour descendre. Jeanne chercha Pit du regard tout en demeurant un peu à l'écart des autres. Son cœur battait très vite. Elle sentait la fragilité de ce moment de retrouvailles.

Georgette vint vers elle :

— Il se fait attendre, mon cher grand frère, on dirait.

Les passagers qui quittaient le train se faisaient maintenant de plus en plus rares. Puis, plus personne ne descendit. Les gens se dispersaient maintenant sur le quai. Jeanne regardait partout. Rien. Pas de Pit.

Tout à coup, dans un ultime avis, le signal du départ se fit entendre et le train se remit lentement en marche.

Léonidas aperçut un sac de voyage qui lui semblait être abandonné sur le quai. Il s'en approcha et découvrit finalement qu'il s'agissait bien du sac de Pit. On pouvait lire son nom sur l'étiquette. Alors, où était-il son gaillard puisque son sac était là à portée de main? Le père empoigna le sac, se dirigea vers Jeanne et Georgette et, d'un air perplexe, s'exclama :

— On a le sac, mais pas le gars!

— Hum…! Qu'est-ce qu'il faut penser de ça? questionna Georgette.

Jeanne mit ses mains sur sa bouche, visiblement inquiète.

— Il a sans doute manqué le train, ajouta Jeanne avec beaucoup de tristesse dans la voix. Il ne me reste plus qu'à rentrer maintenant et… attendre, encore attendre.

— J'ai bien hâte de comprendre ce qui s'est passé, dit Léonidas. Il va sûrement arriver demain… Ça donne rien de rester ici plus longtemps… il fait pas chaud.

Chacun rentra chez soi, sans explication quant à l'absence de Pit. Rien n'y fit. Personne n'avait plus le cœur à la fête.

CHAPITRE 5
Le congé des adieux

ASSISE PRÈS DU POÊLE À BOIS pour se réchauffer, Jeanne tricotait des bas de laine. Elle avait l'habitude et le rythme régulier des expertes. Elle pouvait ainsi tricoter et rêvasser dans cet ordre, à l'envers ou à l'endroit. Toujours sans nouvelles de Pit, qui ne s'était pas pointé malgré toutes ses prières, elle cherchait encore une explication au fait que le sac de voyage était arrivé sans lui. Fidèles à la tradition du Nouvel An, ses parents faisaient la tournée des amis et des parents afin de leur transmettre leurs bons vœux de santé, de bonheur et, cette année encore, avec un peu plus d'intensité, la fin de la guerre. Jeanne, elle, toute à ses inquiétudes, n'avait pas quitté la maison.

Elle regarda l'horloge et décida de se rendre de nouveau à la gare pour l'arrivée du train. Elle se couvrit de son manteau sans même se soucier de l'attacher, elle enfila ses bottes et emporta chapeau, foulard et gants à la volée. En marchant rapidement, elle arriverait à temps. Elle finit de boutonner son manteau et de s'emmitoufler sur le chemin de la gare. Elle se disait, au fond d'elle-même, qu'il ne pouvait en être autrement, elle était convaincue que Pit arriverait par ce train. Vingt-quatre heures plus tard, elle se retrouvait au même endroit sur le quai, à piétiner la même neige et à supplier le bon Dieu d'exaucer ses prières cette fois.

Le train s'arrêta et le premier passager à descendre ressemblait étrangement à celui que Jeanne attendait. Son cœur chavira lorsqu'elle vit Pit marcher vers elle et sourire. Ils pouvaient se toucher, se sentir l'un et l'autre de tout leurs corps. Enfin dans les bras l'un de l'autre, ils étaient seuls sur le quai. Ce n'était pas un rêve.

En quelques mots, essoufflé de tout vouloir dire en même temps, Pit raconta à son amoureuse les péripéties de son voyage et lui expliqua comment son sac de voyage était parti sans lui. Des larmes de bonheur aux yeux, Jeanne s'empressa de dire :

— Il faut rentrer chez toi tout de suite pour rassurer tes parents. Hier, ton père aussi s'attendait à voir autre chose que ton bagage. Ta mère doit ben prier tous les saints du ciel pour te voir arriver.

— Penses-tu que ton père nous prêterait sa voiture pour monter à Saint-Alphonse ? Ton frère pourrait monter avec nous, comme ça, il pourrait te ramener.

— Quand j'ai quitté la maison, ils n'étaient pas revenus de leur tournée de souhaits du jour de l'An, mais ils sont sûrement à la veille de rentrer.

Cette phrase de Jeanne rappela soudainement à Pit qu'ils étaient aujourd'hui le premier de l'An. Il s'arrêta de marcher, le regard fixe devant celle qu'il aimait plus que tout ; il s'empara des mains de Jeanne et les porta jusqu'à sa bouche pour y déposer un baiser, puis il lui dit, avec beaucoup d'émotion :

— J'espère que l'année 42 ne nous forcera pas à vivre séparés. J'aimerais être avec toi tout le temps. Tu le savais, ça ?

Jeanne fut émue par ces paroles et elle baissa les yeux, qui se noyèrent dans un bonheur inavoué. Lorsqu'elle se retrouvait dans les bras de Pit, ses inquiétudes se dissipaient et la vie devenait si belle. Elle leva la tête vers lui :

— J'espère aussi être avec toi, que la guerre finisse pis qu'on ne soit plus séparés.

Les amoureux reprenaient leur marche pour quitter la gare lorsqu'une voiture à cheval s'arrêta en face d'eux. Léonidas les interpella :

— Hé! vous deux, vous marchez ou vous montez? C'est qu'il ne fait pas très chaud par ici!

Ces retrouvailles mirent un baume sur les inquiétudes des derniers jours.

De retour à Rimouski après quelques jours passés avec Jeanne et tous les siens, Pit reprit difficilement les rangs de l'armée. La discipline sévère de ce milieu d'hommes s'éloignait tellement de ses aspirations personnelles. Il lui semblait que l'armée cherchait à amener ses soldats à agir tous de la même manière et sans penser. L'individu, l'être humain caché sous l'uniforme était sans importance. Le régiment et son commandant prenaient toute la place. Il fallait exécuter les ordres, trop souvent sans en connaître les raisons.

Un bon matin, l'ordre tomba, sur le régiment, de faire ses bagages. Ils étaient envoyés à Kingston en Ontario, à la base militaire de Barriefield, où l'on accueillait principalement les anglophones. Certains contingents francophones toutefois y résidaient. Le commandant tâcha de les rassurer :

— Vous allez pouvoir continuer votre cours de mécanique.

— En anglais ou en français? questionna Pit.

— J'en sais rien pour l'instant.

Toutefois, dès leur arrivée à Barriefield, la réponse ne se fit pas attendre. Les Canadiens anglais furent assignés à leurs cours de mécanique tandis que les Canadiens français furent transférés au régiment de Petawawa, toujours en Ontario, mais plus au nord, à trois cent cinquante kilomètres de Montréal, pour apprendre à manier canons et mitrailleuses.

Autour de la table, lors du premier souper à Petawawa, les soldats francophones discutaient ferme. L'injustice dont ils étaient victimes soulevait énormément de frustrations.

— C'est quand même bizarre qu'ils aient perdu nos papiers.

— Moi, j'les crois pas, dit Pit devenu soudainement soupçonneux. C'est impossible qu'ils perdent nos papiers comme cela, eux qui sont si organisés. C'est rien qu'une excuse pour faire ce qu'ils veulent avec nous autres.

— Le commandant refuse de me répondre quand je lui demande combien de temps on va rester ici, pis qu'est-ce qu'on va faire ensuite, ajouta Leopold.

— J'vais écrire à Ottawa, moi, pis j'vais leur demander ce qu'ils ont l'intention de faire avec nous autres. On va peut-être finir par apprendre quelque chose, dit un certain soldat qu'on baptisait *la carpe* parce qu'il brisait rarement le silence.

— Bonne idée, mais ça va être long avant d'avoir une réponse. J'imagine que les hauts-dirigeants à Ottawa sont loin de s'inquiéter de l'avenir d'un petit groupe de Canadiens français comme nous autres, ajouta Pit.

La tension entre soldats anglais et français montait de jour en jour. Elle était palpable. L'imbroglio concernant la perte des papiers des soldats français tardait à se résoudre. Ces derniers étaient maintenus dans un climat d'ignorance. Cela dépassait les bornes et le respect des personnes. Pit sentait la colère s'élever en lui. Il se rappelait avoir vécu différentes situations qui l'avaient mis en colère auparavant, mais ça n'avait rien à voir avec ce qu'il vivait maintenant : l'injustice. On voyait bien que les Anglais leur prenaient leurs places alors qu'eux, les Canadiens français, étaient destinés aux lignes de feu. Apprendre à bien manier une mitrailleuse, s'entraîner pour devenir de plus en plus rapide au chargement, ça n'avait aucune valeur à ses yeux. Ces gestes n'appartenaient qu'au monde absurde de la guerre.

Un mois plus tard, l'armée leur accorda le congé d'adieu aux familles, quatorze jours où chacun devait se rendre dans sa famille pour un dernier séjour avant l'affectation du régiment en mission outre-mer. Le commandant tenta, en vain, d'être rassurant. Pit revoyait ces six mois écoulés depuis son entrée dans l'armée et se sentait piégé ; les évènements s'enchaînaient au gré d'ordres stricts et incontestables.

La veille du départ pour ce congé d'adieu, le dortoir était étrangement muet. Allongé sur son lit, Pit écoutait le silence au travers des ronflements. Il ne parvenait pas à trouver le calme intérieur qui mène à l'abandon vers le sommeil. Ses pensées le maintenaient dans un état d'éveil. Les heures passaient et ses yeux demeuraient ouverts dans le noir. Il imaginait la guerre, la vraie, avec les combats, les blessés et les morts. L'angoisse le saisit, des aiguilles lui piquèrent l'estomac, sa gorge se noua, il sentit la nausée monter en lui. Il chercha un moyen de retrouver son équilibre parmi tous ces inconnus et une réponse à cette destinée brutale. Dans sa tête monta comme une certitude, comme un ordre : «Je n'irai pas faire la guerre. Je n'irai pas mourir pour la faire.» Il était seul devant l'impasse, seul à décider du sort de sa vie.

Au levé du jour, un mince filet de lumière suffit à chasser la noirceur de cette nuit blanche. Le réveil sonné, les soldats se bousculèrent aux lavabos. Pit était resté à l'écart de la bousculade. Lorsqu'il s'était rasé ce matin-là, la majorité des hommes rêvaient encore. Lui, son lit était fait, ses bottes brillaient et son sac de voyage, bien fermé, reposait sur le sol.

— Prochain arrêt : Caplan... cria le contrôleur en traversant le wagon, un grand homme *de couleur* qui parlait avec un accent anglais.

Il décrocha le ticket au-dessus du siège de Pit et se pencha vers lui :

— Monsieur, le prochain arrêt est Caplan. N'oubliez rien dans le train.

Penché pour lacer ses bottes, Pit s'adressa à son ami Léopold :

— Me v'là rendu. On se revoit samedi dans deux semaines. Tu me garderas un siège à côté du tien.

— Profites-en ben, répondit Léopold.

— Oui... fais pareil... À la revoyure.

Le train s'arrêta et Pit descendit. Personne n'était à la gare pour l'accueillir puisque personne ne savait

qu'il arrivait, seul avec lui-même, maître de sa décision. L'armée leur avait annoncé ce congé à moins
d'un jour du départ. Il neigeait abondamment, le vent
s'élevait, sauvage et froid. Une tempête se préparait,
ce qui expliquait sans doute que le quai de la gare,
habituellement animé par la présence de curieux, était
désert.

Pit respira un grand coup. L'air frais de la mer eut
pour effet de chasser sa fatigue. Il réalisa soudainement qu'il était chez lui, libre. Cette neige le rendait
euphorique. Il n'avait qu'une envie : revoir sa belle
Jeanne. Il partit à la course, criant son bonheur aux
flocons de neige qui lui pinçaient le visage : «J'arrive,
Jeanne, je t'aime!».

La mère de Jeanne, qui s'affairait à l'étage, jeta
par hasard un coup d'œil à la fenêtre. Aussitôt elle
s'exclama :

— Jeanne, la tempête nous amène de la visite. Il
y a un beau soldat qui arrive; va donc lui ouvrir la
porte!

En train de broder, Jeanne se piqua le doigt avec
son aiguille et son cri fut interprété comme un cri de
joie. Elle mit son travail de côté et s'empressa d'aller
ouvrir. Elle s'arrêta au passage devant la glace, pour
replacer ses cheveux, et elle constata que ses joues
déjà toutes roses trahissaient son état d'excitation.

Pit frappa à la porte. Il était couvert de neige. On
pouvait à peine distinguer ses vêtements, blanchis
par tant de vents et de rafales, mais son képi de
soldat ne pouvait mentir. Jeanne s'avança dans sa robe
fleurie cintrée à la taille. Lui, il exprimait l'hiver, elle,
s'offrait entière comme une fleur d'été. Il n'osait lui
toucher de peur de la geler. Elle hésita à s'approcher
de lui. Ils se regardèrent de loin, sans bouger, comme
s'ils avaient les pieds et les mains liés. Une saison

de vie semblait les séparer. Il la trouva si belle. Elle voulut se blottir tout contre lui.

Pit souriait et cherchait avant tout à se défaire de toute cette neige qui l'empêchait de cueillir cette si belle fleur.

— Qu'est-ce que tu fais ici? questionna Jeanne. Tout le monde croit que t'es à Petawawa.

— J'en arrive. J'viens de descendre du train. L'armée nous a donné un congé...

Il hésita, incapable de prononcer le mot «adieu».

— ... un congé de... quatorze jours. Alors me v'là, mais vu la tempête qu'il fait, j'pourrai pas rentrer chez nous.

— Et ben, reste pas planté là. Entre et viens te réchauffer au coin du feu.

Plié en deux, Pit retira d'abord ses bottes puis, le sourire aux lèvres, il enleva son manteau, son chapeau et prit soin de les accrocher. Il avança d'un pas et il ouvrit ses bras pour envelopper amoureusement sa Jeanne.

— Quant à moi, la tempête peut durer deux semaines...

La tempête s'étira bien pendant trois jours et trois nuits. Le vent sifflait au coin des lucarnes et la neige tombait sans arrêt. Les rafales étaient si intenses qu'on ne voyait ni ciel ni terre. Tous les gens du pays demeuraient dans leur maison à se chauffer près du poêle, à jouer aux cartes et à se raconter des histoires.

Pit et Jeanne ne se plaignaient pas de cette situation. En fait, ils en profitaient pleinement. Ils passaient les journées ensemble et le soir venu, époque oblige, Pit était invité à partager la chambre des frères Jean-Paul et Germain. Jeanne retrouvait alors l'intimité qu'elle partageait avec ses sœurs.

Un de ces soirs, alors que son père Hector somnolait au salon et que les autres étiraient une partie de cartes à la cuisine, Jeanne comprit que l'occasion était choisie pour jaser, ou plutôt chuchoter sur le canapé. Pit réussit à trouver le courage d'expliquer à Jeanne la raison de ce congé imprévu. Il choisit les mots justes pour dire les vraies choses même s'il évitait volontairement le mot *adieu* de ses propos. Jamais, jamais il ne dirait ce mot à celle qu'il aimait plus que tout.

La tempête qui sévissait sembla vouloir arrêter le temps, mais tôt ou tard, la réalité allait les rattraper. En dépit de toutes les précautions que Pit avait prises, Jeanne comprit qu'il s'agissait d'un congé d'adieu. Cela confirmait les appréhensions qu'elle entretenait sur cette guerre. Combien de nuits avait-elle passées à craindre qu'un jour elle serait contrainte à lui dire adieu.

Elle se souvenait du moment où, d'un air sérieux, son père, lui avait annoncé qu'il venait de recevoir une lettre de son amoureux, une lettre qui lui était adressée directement. C'était en décembre 1941, trois mois après le départ de Pit pour Rimouski.

— Cette lettre me demande officiellement de lui accorder la main de ma fille Jeanne, lui avait déclaré son père.

— Qu'est-ce que j'devrais lui répondre selon toi? avait-t-il ajouté.

— Vous savez, son père, que Pit est l'homme de ma vie. J'ai confiance en lui depuis le tout début de nos fréquentations, ça va faire deux ans ce mois-ci.

— Alors, t'es prête à te marier?

— Oui, j'suis prête. C'est mon plus grand désir, mais la guerre change tout.

— Explique-toi parce que j',vois pas ce que ça change.

— J'veux pas me marier pour vivre avec un fantôme. J'veux pas être la nouvelle épouse qui dit adieu à son mari quelques jours après son mariage, puis qui devient veuve à vingt-deux ans. J'me marierai une fois la guerre terminée, si Dieu le veut.

— C'est ben la réponse que tu veux que j'lui donne?

— Oui, son père. J'ai confiance. Il est patient. Il est prêt à attendre la fin de la guerre. Nous serons mariés un jour, pis notre bonheur fera l'envie de plusieurs, croyez-moi.

Jeanne était bien déterminée; il était hors de question qu'elle se marie en temps de guerre.

Pit avait reçu la réponse. Il avait consenti à attendre la fin de la guerre; il respectait ainsi le désir de celle qu'il aimait.

Hector se réveilla en sursaut dans son fauteuil et cela mit fin aux pensées de Jeanne au salon où elle se tenait bien assise, Pit à ses côtés. Au regard inquiet qu'il portait sur elle, elle réalisa qu'elle avait gardé le silence depuis un certain moment déjà. Un peu mal à l'aise, elle se leva en s'excusant et elle quitta le salon sous prétexte qu'elle avait besoin de boire un peu d'eau. Lorsqu'elle reprit sa place au salon, Pit voulut dissiper ses inquiétudes.

— J'aimerais vraiment que ça se passe autrement. T'as ben compris pourquoi j'suis en congé. Mais je t'assure que j'vais m'en sortir. Faut pas être triste ou trop pensive. J'aime ton sourire. C'est lui que j'vois quand j'ferme les yeux. On va sortir de cette guerre un jour, pis on va être ensemble.

Jeanne retrouva le courage qui, pour un petit moment, lui avait manqué. Elle sourit à son amoureux.

Une fois la tempête terminée et les chemins redevenus carrossables, Pit se rendit chez lui. Ses parents l'accueillirent avec surprise et une grande joie. Cette visite inattendue devait quand même être justifiée. Malgré le fait qu'elle craignait la réponse, la mère questionna son fils.

— C'est un congé d'adieu aux familles. Notre régiment est affecté outre-mer. À notre retour, on doit se rendre à Halifax pour l'embarquement sur un bateau qui nous conduira de *l'autre bord*.

À l'écoute de sa réponse, Elmina crut bien défaillir. Elle essuya les larmes que son cœur de mère ne pouvait retenir. Elle chercha une parole réconfortante, mais elle ne trouva tout simplement rien à dire à son fils. Son père fut également très secoué par cette annonce. Il marcha jusqu'à la fenêtre et s'arrêta pour admirer le soleil qui faisait briller la neige trop vive et qui pourrait justifier pourquoi il avait les yeux pleins d'eau. Le temps était splendide ; pourquoi fallait-il une ombre pareille au tableau ? Il secoua la tête de gauche à droite comme pour nier ce que son fils venait de lui apprendre. Après un moment, il se ressaisit ; il ne pouvait pas flancher. Il fallait s'en remettre à Dieu, qui saurait épargner la vie de son fils.

— Commençons d'abord par profiter du congé, déclara le père. On va tous avoir besoin de courage si on veut s'en sortir.

En dépit de ses émotions, Léonidas réussit à désamorcer le climat de tension qui régnait. Elmina pouvait respirer à nouveau. Son mari trouvait toujours les bons mots ; on aurait même dit que cela était facile pour lui. Elmina aimait l'homme doué et intelligent qu'elle avait épousé. Elle était fière d'être sa femme. Ils étaient heureux ensemble.

La fin du congé arriva toutefois bien trop vite. Pit dut refaire son sac de voyage et affronter les déchirements des adieux. Il avait senti que ce départ serait bien difficile. Le plus difficile. Depuis plusieurs nuits déjà, son sommeil était agité, ses réveils fréquents, et il mettait des heures à se rendormir. Les derniers matins, à son lever, alors que la maison reposait encore, il avait descendu l'escalier, qui avait craqué sous ses pas, il avait ajouté quelques bûches dans le poêle puis il s'était assis pour écouter le crépitement du feu. Dans le silence du matin, les bruits du feu de bois l'avaient réconforté. Il aurait voulu s'imprégner de ces moments de bien-être, les derniers avant le grand départ.

Le matin du départ, l'escalier craqua avant même que le jour ne soit levé. Un peu plus tard, à travers les carreaux de la fenêtre, Pit contemplait le soleil qui, timidement, cherchait à se pointer à travers les nuages. Le mauvais temps se préparait ; ce serait de la neige mouillée ou de la pluie, qui annoncerait le printemps. Née un 24 mars, sa mère recevait souvent une belle bordée de neige comme cadeau d'anniversaire. Ce jour-là approchait et Pit se dit qu'il serait absent cette année encore.

À son tour, Elmina fit craquer l'escalier. Elle ne voulait pas distraire son fils et elle se faufila vers la cuisine. Une autre journée commençait. Pit vint rejoindre sa mère. Il avait besoin de parler et Elmina saurait l'écouter avec toute sa douceur et sa sensibilité.

— T'as passé la soirée avec ta belle Jeanne ? lui demanda-t-elle. Elle doit être ben triste de te voir partir. J'espère que tu l'as rassurée.

— J'peux pas vous dire toutes les promesses qu'on s'est faites parce qu'il y en a trop. Faudrait seulement qu'on ait du temps ensemble, pis j'vous dis qu'on arriverait à toutes les tenir.

Il s'interrompit et, l'air pensif, il s'empressa d'ajouter :

— Si seulement elle pouvait finir, cette maudite guerre, qu'on se marie. On serait les plus heureux du monde.

Elmina réalisait à quel point son fils était devenu un homme, prêt à partir fonder sa propre famille, mais il en était empêché par la guerre. Cette situation la bouleversait autant que lui, mais que faire ? Il ne s'agissait pas d'un jeu d'enfant auquel une mère pouvait mettre fin selon ses désirs. La vie seule s'en chargerait.

Encore plus silencieux qu'à l'habitude, Léonidas prit la route de la gare tel un vrai chemin de croix. Le cœur lourd après les adieux à sa mère, à sa sœur Georgette et à son frère Jean-Marie, tous demeurés à la maison, Pit appréhendait le moment de la séparation avec son père. Il aurait préféré marcher seul les derniers kilomètres pour atteindre la gare. En cette fin de journée pluvieuse, les gens ne se bousculaient pas sur le quai. Léonidas se contenta de serrer chaleureusement son fils dans ses bras pendant de longues minutes sans rien dire, comme lorsqu'il était un petit garçon qui avait besoin de se faire consoler. Puis, il le dévisagea et lui dit :

— Vas-y maintenant, mon soldat, et reviens-nous vite.

Jeanne vint rejoindre son amoureux à la gare. Comme convenu, ils montèrent ensemble dans le train pour prolonger ce congé. Marie-Louise, la sœur aînée de Pit, leur servait de chaperon. Ils s'arrêtèrent à Matapédia. Ils y passèrent la nuit, dans un petit hôtel. Ils se donnaient ainsi l'illusion de croire qu'il s'agissait d'un faux départ pour la guerre. Le lendemain matin, tous les trois montèrent à nouveau dans le train en direction de chez eux comme s'ils revenaient de voyage. Mais à la gare de Carleton, Pit et sa sœur quittèrent Jeanne qui poursuivit seule le trajet jusqu'à Caplan. Ainsi, ils s'étaient quittés en se disant «à bientôt» et non «adieu», tout à fait comme les fois précédentes où Pit était parti pour un chantier. D'un commun accord, ils avaient tenu à éviter les émotions trop fortes des dernières minutes sur le quai de la gare. Des émotions, pourtant, ils en auraient sûrement bien d'autres à vivre.

CHAPITRE 6
Le congé
de la grande décision

L E SOIR MÊME DE SON ARRIVÉE À CARLETON, Pit reprit
le train. Cette fois il partait seul vers Petawawa.
Il se fraya un chemin à travers les passagers et les
bagages, tentant de trouver un siège. Il traversa
plusieurs wagons et entra dans le fumoir. Là, il
aperçut son ami Léopold, accoudé à une table, une
bière à la main. Surpris, Pit s'exclama :

— Qu'est-ce que tu fais dans le train? T'es pas
monté hier?

— Tu vois ben que non. J'suis en retard comme toi.

— C'est ben tant mieux, ajouta Pit, on va faire le
voyage ensemble.

Après vingt-quatre heures de train et très peu de
sommeil, c'est dans un état de fatigue avancée qu'ils
se présentèrent à la base de Petawawa. À 9 heures
du soir, les camps auraient dû être silencieux, mais
au contraire, les soldats s'activaient et on pouvait
sentir la fébrilité du moment. Le commandant accueillit les deux recrues avec une réprimande pour
leur retard et il mit une fin abrupte aux explications

des deux soldats. Beaucoup plus nerveux qu'à l'habitude, il leur dit sèchement :

— Défaites pas vos bagages, c'est un départ immédiat. Le convoi part pour Halifax. Un bateau nous attend au port, nous partons en mission. Maintenant.

Pit resta muet de stupeur et jeta un regard anxieux vers Léopold. Son cœur s'emballa et il déglutit avec difficulté. Son corps entier réagissait aux paroles du commandant. En état de choc, il ramassa son sac et quitta la pièce. Sans prononcer une seule parole, il se dirigea vers le dortoir. Il s'allongea sur son lit tout habillé et, en dépit des bruits intenses, il s'enfonça dans un sommeil profond. À peine quelques minutes plus tard, Léopold le secouait vigoureusement. Dans un demi-sommeil, Pit réussit à s'asseoir sur le bord du lit. Le visage de Léopold affichait un air de soulagement.

— On peut dormir not' nuit, le départ vient d'être annulé.

Aux dires de son ami, Pit se réveilla instantanément et s'exclama :

— J'ai même pas eu le temps de prier que le bon Dieu m'a exaucé.

Et les voilà tous les deux pris d'un fou rire.

— À demain matin, Pit! finit par dire Léopold entre deux rires.

— C'est ça, bonne nuit!

Pit se remit au lit et malgré toute sa fatigue accumulée, une obsession venait constamment le sortir du sommeil. Il se sentait acculé à une impasse qui le hantait de plus en plus. Lui qui voulait simplement vivre heureux, il ne voulait pas faire la guerre et faire feu sur des gens comme lui, au risque de sa vie. C'était simplement impossible.

Le jour suivant s'écoula sans que tombe pour de bon l'ordre du départ. Rien. Il ne se passa rien le jour suivant ni celui d'après. Le temps s'étira en jours perdus et dénués de sens pour ces soldats détenus, isolés derrière les clôtures du camp, avant que ne s'enclenche pour eux la machine de guerre. Des semaines entières s'additionnèrent ainsi dans une attente disciplinée mêlée de lassitude et de crainte, enfiévrée parfois à la reprise d'une rumeur de départ. Chaque fois, Pit la recevait comme une gifle. Mais pas question de laisser paraître ses émotions. Chacun tentait tant bien que mal de se montrer prêt pour le grand départ, mais toujours, la rumeur démentie laissait paraître le soulagement des soldats.

Avril 1942. Cette troisième pleine lune de l'année veillait sur la nuit et signalait l'arrivée de Pâques. Vint avec elle un congé de quarante-huit heures. L'imminence d'un appel de mission outre-mer interdisait une plus longue absence. Ainsi, le matin du vendredi saint, un convoi spécial recula au camp de Petawawa pour embarquer les soldats. Il se dirigea expressément à Montréal, sans aucun autre choix de destination. Pit prit soin d'apporter son sac de voyage et toutes ses affaires.

Le train s'arrêta à la gare centrale et laissa descendre les soldats qui devaient se présenter au même quai le dimanche soir pour leur retour en Ontario. Ils se dispersèrent rapidement. De leur côté, Pit et Léopold arrivèrent en haut de l'escalier, dans une foule où se mêlaient civils et soldats.

Pit arrêta brusquement de marcher. Il se tourna vers son ami et, sans hésitation, il lui dit :

— J'ai pris ma décision, l'armée, c'est fini pour moi. Je m'en vais. T'as bien compris, je m'en vais.

Léopold fut secoué par cette révélation et il s'empressa de répliquer :

— Où vas-tu ?

— J'sais pas... mais ce qui est sûr, c'est que jamais j'irai faire la guerre. Jamais.

Et il ajouta avec vivacité :

— J'ai choisi de vivre.

Sans autre explication, il se retourna avec tout ce qui lui restait de militaire dans la démarche, quitta son ami et partit seul. Bien seul. Léopold demeura sur place quelques instants, figé par ce qu'il venait d'entendre, assommé par ce terrible aveu. Puis il se dirigea, encore bien étonné, vers un petit groupe de soldats qui semblaient discuter de leur emploi du temps pour les deux prochains jours.

Le dimanche soir, conscient de porter un secret, Léopold reprit le convoi qui le ramenait à Petawawa avec tous les autres soldats. Il se garda bien de faire des commentaires ou de révéler quoi que ce soit à propos de son ami Pit absent.

Au mois de mai suivant, tous les soldats de son régiment furent affectés au combat en Europe. Lorsque le convoi qui les transportait vers Halifax pour l'embarquement roula sur le chemin de fer qui longeait la vallée de la Matapédia, Pit, maintenant seul, regarda le train passer.

CHAPITRE 7
La complicité du silence

CE MÊME VENDREDI MATIN, à la gare centrale de Montréal, Pit avait senti le regard de son ami Léopold posé sur lui, mais il avait marché droit devant lui sans se retourner. Sa décision était prise depuis plusieurs semaines. Aujourd'hui, il posait le geste en accord avec sa décision personnelle. Jamais il n'avait abordé le sujet avec qui que ce soit. Il ne pouvait qu'être seul dans une aventure aussi audacieuse et risquée; cela lui apparaissait comme l'unique chance de s'en sortir.

Il se dirigea vers la billetterie de la gare dans l'intention d'acheter un aller simple pour retourner en Gaspésie. Il s'arrêta à quelques mètres de la file de gens pour recompter nerveusement l'argent qu'il avait en main. Après avoir vidé toutes ses poches à la recherche du moindre sou, il réalisa qu'il devrait se débrouiller avec les sept dollars qui totalisaient tout son avoir. Il se sentait impatient et nerveux, mais lorsque son tour arriva, il s'adressa à la jeune fille au comptoir avec une certaine assurance malgré tout.

— Bonjour, Mademoiselle; j'veux un billet, aller seulement, pour Matapédia, pour ce soir.

— Je regrette, Monsieur, mais vous devez obliga-
toirement acheter un billet aller-retour, répondit la
jeune femme.

— Vous inquiétez pas pour mon retour, j'vais revenir, mais aujourd'hui, j'manque d'argent, j'peux
seulement payer pour l'aller, lui répondit Pit en espérant gagner sa sympathie.

— Combien d'argent avez-vous? le questionna-
t-elle.

— J'ai sept dollars.

— Avec ça, vous pouvez acheter un billet aller-retour
pour Rimouski, Monsieur.

La jeune femme le toisa.

— Mais j'dois me rendre à Matapédia, Mademoiselle.

— Je regrette, mais j'peux seulement vous vendre
un aller-retour, Monsieur.

Et elle ajouta vivement :

— C'est comme ça... Alors, voulez-vous un billet
pour Rimouski?

Elle attendait sa réponse en observant la couleur
triste de son uniforme. Il semblait bien impossible
d'obtenir ce qu'il voulait. Résigné, Pit lui répondit :

— Bon, d'accord, j'prends le billet pour Rimouski.

Il lui remit les sept dollars puis il reçut son billet
et salua la jeune fille en soulevant poliment son képi
de soldat du revers de la main. Il quitta la billetterie
les poches vides en se disant qu'il trouverait bien le
moyen de se rendre chez lui malgré tout.

Le train quittait Montréal en soirée et roulait de
nuit. Il devait atteindre Rimouski aux environs de
3 heures du matin, mais le plus souvent, il fallait
compter quelques heures de retard. Vers minuit, alors
que la plupart des passagers dormaient, Pit profita
d'un moment favorable pour changer son ticket de

débarquement qui affichait «1-RIM», pour Rimouski, avec celui d'un ronfleur tout affalé et qui indiquait «1-MAT», pour Matapédia. Il se surprit lui-même d'utiliser un tel stratagème, mais il n'avait plus le choix s'il voulait se rendre rapidement chez lui. Ainsi, lorsque le train entra en gare à Rimouski, le contrôleur passa outre sans lui demander de descendre. C'était déjà ça de gagné.

Quelques heures plus tard, les traits tirés par le manque de sommeil et l'estomac creux, il faisait son entrée dans la gare de Matapédia. Heureux et fier de s'être rendu jusque-là, il lui fallait maintenant trouver un moyen de faire les cent vingt kilomètres restants pour arriver à Caplan. À la recherche d'une connaissance qui pourrait lui venir en aide, il scruta les visages des gens qui s'affairaient dans la gare. Il ne vit personne. Il traversa à l'hôtel en face de la gare, où les chances de rencontrer quelqu'un étaient bonnes. En effet, il tomba sur deux gars de son village.

Tout comme lui, ces compères étaient des soldats, mais ils semblaient accepter cette situation avec une certaine légèreté. Peut-être était-ce simplement l'effet d'avoir déjà avalé quelques bières qui leur donnait cette désinvolture.

— Hé! Si c'est pas Bibi Barriault, pis Bernard! Le bon Dieu vous a mis sur ma route.

— Tiens, l'soldat Pit de Saint-Aphonse, répliqua Bibi Barriault, surpris de cette rencontre.

— Quel bon vent t'amène icitte? demanda Bernard.

— Tu t'es pas poussé de l'armée, toujours ben? ajouta Bibi avec un air à la fois réprobateur et curieux.

— Non, non, c'est Pâques... pis j'suis en congé pour quelques jours, s'empressa de préciser Pit, soucieux de ne pas soulever de soupçons.

— On va faire le voyage ensemble jusqu'à Caplan comme ça, dit Bernard.

— J'aimerais ben, dit Pit, mais j'ai un petit problème. J'ai plus une *cenne* sur moi. J'ai vraiment besoin de votre aide, les gars. Pouvez-vous m'avancer l'argent d'un billet? J'vous remettrai ça dès que j'serai passé chez nous.

— Ben certain. On ne va pas te laisser partir à pied. On aurait des remords si tu manquais la messe du dimanche de Pâques, dit Bernard sur un ton sarcastique.

— Je t'offre une bonne bière, dit Bibi. Assieds-toi, on a le temps de se raconter quelques histoires.

Pit les écouta d'une oreille distraite; en ce moment, il n'avait pas le goût de laisser courir ses souvenirs. Il était dans un état d'esprit tout autre. Il vivait aux aguets ce début de cavale et de désertion.

Vingt-quatre heures s'étaient écoulées depuis son dernier déjeuner au camp de Petawawa. Il aurait préféré manger plutôt que de boire une bière, mais il ne pouvait surtout pas refuser l'offre de Bibi dans les circonstances, de peur de l'offusquer. Une fois la première bière avalée, Pit insista auprès d'eux pour retourner à la gare acheter son billet; le train serait bientôt prêt pour leur départ. Puis, les trois hommes montèrent à bord et s'installèrent dans le wagon fumeurs et, la bonne humeur exacerbée par la bière, Bibi continua à se remémorer des souvenirs qui faisaient bien rire Bernard. Pit, lui, se sentait maintenant rassuré. Dans quelques heures à peine, il marcherait sur le quai de la gare à Caplan. Et la première chose qu'il ferait serait d'aller voir Jeanne. Il mourait d'envie de la tenir dans ses bras.

Les roues grinçaient sur les rails et le paysage défilait sous leurs yeux. Bibi et Bernard avaient sorti leur flasque d'alcool et ils remplissaient généreusement les verres. Les éclats de voix et les rires s'entendaient de loin. Pit oublia qu'il n'avait rien mangé depuis plus de vingt-quatre heures. L'effet de l'alcool sur son estomac vide ne tarda pas à se manifester pendant que les rires continuaient à habiter le wagon qui lentement roulait vers Jeanne.

En ce samedi de la veille de Pâques, Jeanne emprunta le chemin de gravier fin qui l'éloignait de la maison. Elle marchait lentement, le cœur tout entier tourné vers celui qui était absent. La voiture de Jos s'arrêta près d'elle et la tira de sa rêverie. Ce dernier aimait toujours tenter sa chance pour passer quelques heures en sa compagnie.

— Bonjour, Jeanne, dit-il. Est-ce que j'peux t'offrir de profiter de ma voiture pour ton déplacement?

Toujours aussi galant avec la jeune femme, il lui tendit la main pour l'aider à s'asseoir près de lui.

— J'me rendais chez Yvette, mais si tu veux, j'aimerais ben passer à la gare. J'serais curieuse de voir qui descendra au village pour Pâques.

Elle ajouta :

— Après, on ira chercher Yvette pour faire une promenade ensemble. Elle doit sûrement m'attendre.

— Ça me va. Commençons par la gare, pis on verra après pour la promenade.

Tout en prenant le chemin de la gare, Jos en profita pour demander les dernières nouvelles de Pit. Dans ce silence qui durait depuis trois semaines, Jeanne se disait qu'il se trouvait fort probablement sur un navire au beau milieu de l'océan, qu'elle devait faire preuve de patience et garder espoir.

Il y avait déjà un petit attroupement sur le quai. Le train se faisait toujours attendre. Jos descendit le premier, contourna sa voiture et s'empressa de venir aider Jeanne à descendre. Résigné depuis un bon moment déjà, il savait qu'il n'aurait jamais droit à son cœur, mais chaque fois qu'il la regardait, il la trouvait si belle que la galanterie ne lui demandait aucun effort. En toute amitié, trouvant sa compagnie fort agréable, Jeanne ne voulait pas s'en priver.

Jos s'immisça dans un attroupement de gens un peu impatientés par le train qui tardait tandis que Jeanne demeurait un peu en retrait. Une sirène stridente, accompagnée d'une vapeur de métal humide, annonça la fin de l'attente. L'arrivée du train créait toujours un moment d'excitation sur le quai. Aujourd'hui, même si elle n'attendait personne, Jeanne partageait aussi cet instant et, comme par magie, son cœur se mit à battre rapidement.

Les premiers passagers quittèrent le train. Ils étaient plusieurs à rentrer chez eux pour Pâques. Tout à coup, Jeanne s'étonna de voir deux hommes traîner sous leurs bras un soldat apparemment incapable de marcher. Elle se rapprocha et poussa un cri en reconnaissant Pit. Cependant, l'humeur de ses acolytes n'était pas au drame.

Alors, rassurée, elle passa vite à l'action. Déterminée, mais calme, elle leur demanda d'accompagner Pit et de le faire asseoir dans la voiture laissée sur le chemin d'accès.

Jos, qui était entré dans la gare, se fit aussitôt interpeller :

— Jos, viens vite.

— Qu'est-ce qui se passe?

— Viens, tu vas comprendre.

Elle l'entraîna à l'extérieur et précisa :

— Tu voulais des nouvelles de Pit? Et ben, il est assis dans ta voiture. C'est Bibi et Bernard qui l'ont aidé à descendre du train. Ils ont pris un verre de trop pendant le voyage. Pit n'arrive plus à se tenir debout. Il faut que tu nous ramènes. Il a besoin de dégriser.

Jos trouvait cette situation plutôt cocasse. Il avait bien envie de rire, mais il n'osait pas de crainte de froisser la jeune femme.

Arrivés à destination, ils réussirent à sortir Pit de la voiture et à le soutenir jusqu'au lit, où il s'effondra en tenant des propos décousus et totalement dépourvus de sens. Ils lui retirèrent ses bottes et Jeanne se fit conseiller par sa mère de le laisser dormir plusieurs heures et de lui faire cuire du hareng salé. Cette préparation possédait, selon elle, toutes les vertus pour remettre son homme dans son état normal.

Riant sous cape, Jos repartit tout en s'engageant à revenir le lendemain matin pour ramener Pit chez lui. Connaissant la grande curiosité de Jos, Jeanne sentit que cette offre avait quelque chose d'un peu indiscret, mais elle ne laissa rien paraître et le remercia de sa gentillesse.

Jeanne regardait l'homme qu'elle aimait, endormi, mais probablement soucieux et inquiet. Lui qui ne souhaitait que l'aimer. Elle le contempla une dernière fois dans cet état d'abandon et d'oubli, de lâcher prise. Elle lui déposa délicatement un baiser sur la joue et referma la porte de la chambre.

Elle le réveilla au moment du souper. Cette fois, Pit sembla parler davantage comme un somnambule qu'un homme saoul. Il mit quelque temps à reconnaître l'endroit où il se trouvait, puis à remettre un peu d'ordre dans les évènements des derniers jours. C'est ainsi que, encore vêtu de ses habits de soldat froissés et arborant au visage une barbe hirsute, il reprit ses esprits sous le regard de Jeanne et de son indulgent sourire. Il aurait bien le temps de s'expliquer plus tard ; il devait d'abord manger. Ce qu'il fit sans hésitation aucune. Le hareng salé et l'expérience de la mère eurent l'effet désiré et Pit retrouva la maîtrise de ses moyens dès les premières bouchées. Ce soir-là, il mangea sans réserve.

Comme la soirée était douce, Pit insista pour entraîner Jeanne dans une promenade au bord de la mer. Il lui fallait être seul avec elle. Il avait trop de choses secrètes à lui confier.

Lorsqu'ils se retrouvèrent tous les deux dans le fracas des vagues qui cassent et du bruit de leurs pas sur les galets, il put parler sans craindre aucune in-discrétion. Jeanne seule entendrait tout ce qu'il avait à lui dire. C'était le moment de lui confier ces vérités qui habitaient son cœur et son âme.

— Jeanne... Il s'arrêta une seconde et reprit... j'ai déserté. C'est pour ça que j'suis icitte à soir.

Elle resta bouche bée, mais avant même qu'elle n'ait eu le temps d'exprimer quoi que ce soit, il ajouta :

— Il faut que tu comprennes. J'voulais que tu sois au courant parce que t'es la personne la plus impor-tante pour moi. T'es la seule personne à qui j'le dis.

— J'dirai pas un mot à personne.

— J'suis pas inquiet, pis j'sais que tu vas porter notre secret à tous les deux.

— Qu'est-ce que tu vas faire ? Où vas-tu aller main-tenant ?

— J'sais pas encore, mais j'vais me débrouiller. J'te donnerai des nouvelles dès que j'pourrai.

Jeanne comprit et ne porta aucun jugement sur la décision qu'il avait prise. Pour elle, déserter n'était pas un acte de lâcheté, mais le fruit d'une décision courageuse, une question de respect de soi et des autres. Toutefois, avec cette vie de déserteur, viendrait aussi l'isolement forcé et la solitude...

Ils s'enlacèrent. Leur étreinte venait souder leur accord à vivre dans le silence, complices pour un temps indéterminé. Une chose était certaine : ce nouveau silence, cette séparation volontaire valait mieux que de courir les risques de la guerre.

Le dimanche de Pâques, très tôt, Jos frappa à la porte de la maison d'Hector. Il tenait parole après avoir promis de ramener Pit chez lui, mais il voulait tout de même être de retour à Saint-Alphonse pour la grand messe. Il trouva tout le monde autour de la table à terminer le déjeuner dans un cliquetis d'ustensiles et d'assiettes entrechoquées. Pit se sentit bousculé par l'arrivée matinale de son voisin, mais il devait se résigner à partir malgré son envie de rester. Une fois ses affaires *rapatriées*, son sac de voyage bien arrimé à l'épaule, le soldat les salua tous en précisant à Jeanne :

— Comme j'dois reprendre le train lundi pour rejoindre le régiment, j'vais revenir te voir avant de partir... À demain! Il se pencha vers elle et posa un doux baiser sur sa joue.

Amoureux depuis une éternité, ils seraient dorénavant complices d'une solitude obligée par la désertion. À tout moment, ils devraient être sur leur garde, agir et parler en accord avec la version *officielle*. Pit était un soldat régulier et rien d'autre ne devrait prendre place dans les esprits des autres tant qu'il y aurait la guerre.

Chemin faisant, Jos en profita pour lui adresser quelques questions. Sa curiosité était trop grande. Fidèle à sa réputation de conteur, Pit se mit à lui raconter ses dernières semaines au camp avec un enthousiasme crédible et à grand renfort d'anecdotes, pour le moins colorées. Les histoires se succédèrent et les silences furent si rares qu'ils faillirent bien passer tout droit au Sixième Rang, où Pit avait décidé de s'arrêter, laissant filer Jos seul jusqu'au Neuvième.

— Hé, Jos! tourne au Sixième. Mes histoires m'ont fait oublier... mais j'voudrais que tu me laisses chez mon frère Trefflé. J'ai le temps d'arrêter pour jaser. J'irai à la messe au village avec eux autres.

— C'est ben vrai qu'on est tôt; tu vas avoir amplement le temps de jaser.

Quand la voiture s'approcha de la petite maison, le chien se mit à courir vers eux en jappant. Trefflé se pointa à la porte.

— J'ai pas échappé mon couteau pour rien ce matin en déjeunant. Voilà notre homme qui arrive.

Jos rebroussait déjà chemin tandis que Pit le remerciait en le saluant distraitement d'une main et en flattant le chien de l'autre. Ce dernier l'avait vite reconnu et il s'était alors arrêté de japper. Pit emboîta le pas et monta les marches deux à deux, le chien sur les talons.

— Quelle surprise! Je m'attendais jamais à te voir à matin, lui lança Trefflé en lui ouvrant la porte.

— C'est Pâques, j'suis en congé, dit Pit.

— Entre, entre, il fait pas chaud, on est quand même juste le 5 avril.

— On se prépare à partir pour la grand messe. Il va falloir que tu viennes avec nous autres, pis qu'on jase en faisant la route, dit Estère qui attachait son foulard rouge sur ses cheveux que le vent aurait pu décoiffer. Tu as sûrement plein de nouvelles à nous donner.

Tout le village était présent. La petite église de Saint-Alphonse était bien remplie. Pit s'avança dans l'allée centrale en tâchant d'être discret, mais ses habits de soldat faisaient se tourner bien des têtes sur son passage. Il se glissa sur le banc où se trouvaient ses parents qui, les yeux mi-clos, affichaient leur recueillement. Le silence et la discrétion allaient de soi en ces lieux et surtout à cette époque de retenue. Il toucha le bras de sa mère sans prononcer un mot. Elle sursauta et mit fin instantanément à ses prières. Elle ouvrit les yeux et, apercevant son fils, elle porta la main à son visage pour retenir toutes les paroles qui se bousculaient en désordre à ses lèvres. Cependant, ses yeux exprimaient toute la joie que cette surprise lui apportait.

Tout prit alors un autre sens : la messe n'en finissait plus. Le curé semblait étirer son sermon sans se soucier des nombreux signes d'impatience qu'affichaient ses fidèles. Quand enfin les cloches se mirent à sonner, on put entendre des soupirs de soulagement. Les gens se rassemblèrent sur le perron pour discuter de la journée ou des histoires de familles. Les enfants couraient dans tous les sens pour chasser les fourmis de leurs petites jambes après de grands et pénibles efforts pour se tenir immobiles durant la messe.

Pressés de célébrer cette présence imprévue, Pit
et sa famille s'esquivèrent assez rapidement. Aussitôt
qu'ils furent rentrés à la maison, Elmina se mit à la
cuisine. Léonidas entraîna son fils dans une longue
discussion sur la guerre et ses derniers développements.
Pit lui expliqua la situation qu'il vivait :

— Ils nous menacent à chaque semaine de nous
mettre dans un convoi, pis de nous envoyer outre-mer.
Mais finalement, il doit bien se passer quelque chose
parce qu'on ne part jamais.

— Ils peuvent pas vous envoyer outre-mer. Bientôt
peut-être, mais pas maintenant.

— Comment ça? questionna Pit.

— Rappelle-toi ; le 11 septembre en 1939, quand
le Canada est entré en guerre, le premier ministre
Mackenzie King avait promis aux Canadiens que
la conscription serait imposée seulement pour la
défense du pays. Ça veut dire que le gouvernement
peut vous mobiliser pour la défense intérieure, mais
il n'a pas le droit de vous forcer au service outre-mer.

Comme Pit ne faisait aucun commentaire, son père
poursuivit :

— Mais ça peut changer bientôt parce que le
ministre de la Défense, t'sais le colonel Ralston, lui,
il est en faveur de la conscription pour le service
outre-mer. Le gouvernement subit beaucoup de
pressions. Le premier ministre a même décidé de tenir
un référendum national. Il va demander à la population de délier le gouvernement de sa promesse.

— On va avoir une réponse à ça après le référendum du 27 avril, ajouta Pit.

— C'est ben ça, mon gars, conclut son père.

Pit réalisait bien l'enjeu de ce référendum. Les
débats féroces qui faisaient rage dans cette campagne
référendaire ne lui étaient pas étrangers. Il avait tout

fait ce qu'il pouvait pour rester informé afin d'agir en conséquence. Sa décision de déserter était sérieuse, mais aujourd'hui il devait la taire à tous, même à sa famille. Il en était convaincu même s'il brûlait d'envie de le dire à son père et d'obtenir son soutien. Un jour peut-être il pourrait le faire. Mais pour l'instant, le contexte l'obligeait à s'afficher comme un simple soldat respectant les ordres de l'armée. Sa mère les invita à passer à table pour le dîner pascal, ce qui mit fin à leurs discussions. Déjà Pit se sentait envahi par la solitude du déserteur silencieux.

Le lundi matin arrivé, Pit se tira du lit, résolu et habité du sentiment d'entreprendre une nouvelle vie. Il avait à la fois confiance en ses moyens et bon espoir de s'en sortir. Il tenait ainsi à bonne distance la peur de se faire prendre et de finir en prison, spectre du déserteur. Il devait avant tout agir comme un fidèle soldat et faire ses bagages pour rejoindre son régiment. Le congé de Pâques avait pris fin. La suite des évènements relèverait de la pure improvisation.

Pit prit soin de s'habiller comme le fier combattant qu'il se devait d'être. Ses boutons d'uniforme bien alignés brillaient sur le tissu rugueux tandis qu'il affichait malgré lui cette prestance qu'il n'avait pas choisie. Il ne fallait soulever aucun doute quant à son retour à Petawawa. Toutefois, lorsqu'il entreprit de faire ses bagages, il s'assura d'emporter plusieurs de ses propres vêtements. Au moment même où il les plaçait dans son sac, sa mère se pointa le nez au seuil de la porte. L'air surpris, elle s'exclama :

— Pourquoi prends-tu ça ? T'en auras pas besoin.

— Les vêtements de soldat sont en laine, pis ils sont souvent trop chauds, répondit-il sans donner aucune explication additionnelle. Il ne voulait surtout pas l'inquiéter et donner l'impression douteuse d'un changement de cap.

Sa mère demeura étonnée de cette réponse, mais elle n'insista pas en se disant que son fils devait bien savoir ce dont il aurait besoin. Elle retourna à la cuisine et oublia l'affaire.

Pit s'efforçait de cacher sa nervosité grandissante, mais il n'y parvenait que difficilement. Comme il avait de bonnes raisons d'afficher une certaine nervosité, son père lui manifesta beaucoup de compréhension, ne cherchant pas à le faire parler, mais tentant plutôt de le distraire. Toutefois, Pit demeurait absorbé par ses pensées. Même Jean-Marie, son jeune frère, qui tenta de l'intéresser à une petite partie de pêche, échoua.

Comme une fine mouche, sa mère s'immisça au cœur des discussions et, convaincue du succès de son offre, elle s'empressa de dire :

— Il y a juste une chose qui te ferait plaisir, Pit, c'est de passer l'après-midi avec Jeanne. Alors, pourquoi pâtir ? Léonidas, va donc le mener chez Jeanne ; il prendra son train de là en fin de journée.

Mieux que quiconque, Elmina avait compris l'état d'âme de son fils. Retrouver Jeanne était bien son seul désir même si cela précipitait son départ de la maison familiale. Lorsque Pit embrassa sa mère une dernière fois, il lui chuchota à l'oreille :

— Merci pour tout. Il ne faudra pas vous inquiéter pour moi-même si vous êtes longtemps sans nouvelles. J'veux votre promesse, j'en ai ben besoin.

— Promis, mon Pit, fais ben attention à toi.

Sur ces paroles d'encouragement, Pit quitta la maison sans la moindre idée du jour où il pourrait y remettre les pieds.

Il passa avec Jeanne les quelques heures précédant l'embarquement sur le train dans ce qui était la simulation parfaite d'un retour à Petawawa. Seule Jeanne avait eu sa confiance, car Pit était sûr que jamais elle ne parlerait. Il promit de lui donner signe de vie dès qu'il le pourrait.

Ils étaient maintenant sur le quai de la gare. Toutefois, ce dernier moment ensemble se faisait cruel, car les amoureux n'avaient aucune idée de ce que serait demain. Comment retrouver espoir et confiance quand le cœur fait si mal? Ils s'enlacèrent pour s'accrocher à la force que leur amour faisait naître en eux. Ils avaient besoin, plus que tout, de se sentir soudés l'un à l'autre pour se convaincre qu'ensemble, un jour, ils se sortiraient de cette période si sombre.

Le train hurla son départ. Cette fois, ce sont deux êtres mortifiés dans un même déchirement qui se séparèrent.

Aussitôt seul, Pit se dirigea vers les toilettes du train avec l'intention de changer de vêtements. Il revêtit ses habits civils au plus vite. Ce simple geste eut un effet magique sur lui. Soldat parmi les autres soldats depuis des mois, il n'avait été personne. Et voilà qu'en ce moment, il retrouvait son âme, il redevenait quelqu'un de libre et d'unique. Il sentait renaître en lui la force et la détermination qui accompagnaient son choix de déserter. Le visage de Jeanne apparut spontanément à sa mémoire. Des yeux s'illuminèrent, un sourire apparut pour lui seul. Il se sentit doublement rassuré de sa décision. Cela suffisait à lui donner la force de continuer.

Juste comme il regagnait son siège, le train entrait à la gare de Nouvelle, le village qui prenait place tout juste à côté de celui de Carleton. Ce dernier avait vu naître Pit à une époque où ses parents y avaient vécu et qui lui semblait si lointaine maintenant. Pit se faufila entre les sièges et se mit en ligne avec les autres passagers pour descendre. Comme par hasard, son frère Xavier était là, sur le quai. Ils partirent ensemble chez lui à Brébeuf, un tout petit patelin accroché aux collines derrière Nouvelle.

Deux jours plus tard, Pit réalisa qu'il devait absolument quitter cet endroit où trop de monde le connaissait. Sans soulever de réels soupçons, les gens s'étonnaient de le voir. Tant de fois en le voyant, les gens s'étaient exclamés :

— Tiens, c'est le garçon à Mina pis à Léonidas! T'es pas dans l'armée, mon jeune?

La situation était décidément trop dangereuse et le risque d'être dénoncé bien réel. Il devait trouver un autre endroit où se cacher. Pour être en sécurité, il fallait que personne ne le connaisse. L'armée ne débuterait ses recherches pour le retrouver qu'après vingt et un jours d'absence. Il avait encore le temps de se cacher, mais il devait fuir les villages de cette Gaspésie qui, malgré tout, pouvait sans doute lui offrir une cachette qu'il n'aurait jamais pu soupçonner.

CHAPITRE 8
Les premiers temps
du déserteur

PIT ATTENDIT QUE LA NOIRCEUR fut bien installée avant de quitter le village. Vers 10 heures, ce soir-là, Xavier sortit sa voiture, attela la jument et fit signe à son frère de monter. Ils s'engagèrent ainsi sur le chemin, comme deux clandestins. Xavier comprenait bien que son frère fuyait, mais il n'osait pas le questionner et Pit se retenait d'en parler. Il était préférable pour tous les deux que la situation demeure confuse. Interrogé par les prévôts, son propre frère n'aurait rien à dire.

Une fois qu'ils furent arrivés à la route nationale, Xavier tira les cordons de l'attelage afin de signifier à sa jument de s'arrêter. Pit poussa un soupir. Le moment était venu de couper le dernier lien qui lui restait et tout quitter sans laisser de traces. La *noirceur* était si dense qu'elle faisait disparaître les visages des deux frères et masquait ainsi toute émotion. Partir devenait ainsi plus facile.

Xavier posa simplement sa main sur l'épaule de son frère, sans rien ajouter. Pit perçut ce geste

comme un signe d'encouragement et répondit tout
simplement :

— Ça y est, j'y vais. Surtout, ne t'inquiète pas
pour moi. On va se revoir.

Il posa les pieds sur le gravier de la route et s'engagea vers l'ouest. Il marcha ainsi toute la nuit sans
jamais s'arrêter. Au-delà de toute fatigue, la conviction
d'être libre prenait le pas. Lorsque le soleil se leva, il
marchait encore.

Au petit matin, la faim le tenailla. Il s'arrêta dans
un petit marché général sur la route pour s'acheter
une boîte de sardines et des biscuits pour calmer sa
faim de même qu'un peu de tabac. La journée débutait
à peine. Pit entendit quelques hommes qui discutaient
à haute voix. L'un d'entre eux était à la recherche
d'hommes pour la drave. Ceci apparut à Pit comme
une occasion de travailler. Il décida de tenter sa chance
et d'offrir ses services. Sans trop questionner, le contremaître du camp accepta de l'engager. Il devait se
présenter au chantier lundi matin dès le levé du jour.
Pit s'empressa de payer ses achats pour partir sans
plus tarder, jugeant préférable d'éviter une conversation indiscrète. Comme il abaissait la clenche
de la porte, il entendit derrière lui :

— Laisse-moi ton nom pour lundi matin. Moi, c'est
Eugène Sellars.

Pit ne répondit pas. Le bruit de la porte comme
alibi, il fit mine de n'avoir rien entendu et sortit sans
se retourner. Il reprit la route, cherchant du regard
un endroit pour s'arrêter et manger un peu. Il n'y
avait pas encore pensé, mais il lui faudrait porter
un faux nom pour couvrir son identité et brouiller les
pistes. Il se mit à inventer des noms et à les prononcer
à haute voix, histoire de se convaincre du subterfuge.
Pour que la ruse ait un effet certain, il lui fallait être

bien à l'aise avec le nouveau nom. Il devait se présenter sans hésitation, tout naturellement, aussi vrai que son nom était...

Il traversa alors un petit ruisseau. Le calme de la nature et le bruit roulant de l'eau qui coulait entre les roches le ramenèrent aux beaux jours de Saint-Alphonse. L'image de la maison familiale lui revint, mais il se hâta de chasser ces images nostalgiques. Quand pourrait-il seulement retourner chez lui ?

En ce début d'avril, l'eau qu'il puisait, si claire au creux de ses mains, était glaciale. Il en but un grand coup. Puis, il prit place à califourchon sur un vieux tronc d'arbre et il ouvrit sa boîte de sardines. Il devait se refaire des forces pour continuer de marcher. Il lui fallut plus de temps à ouvrir sa boîte de sardines qu'à manger ce qu'elle contenait. Deux bouchées suffirent pour tout avaler. Il prit ensuite son temps pour se rouler une cigarette et l'allumer avant de se remettre en chemin.

Il aurait pu paraître presque doux, le temps de la fuite, mais la route s'étirait devant Pit ; il lui semblait que plus il marchait, plus elle fuyait. Les rencontres étaient plutôt rares. Le soir, il arriva à la gare de Matapédia avec la ferme intention d'y prendre le train. Vingt et une heures de marche, c'était suffisant pour l'instant. Ses pieds pleins d'ampoules et ses jambes ne le supportaient plus. Il monta sans se procurer de billet, se faufila parmi les voyageurs et réussit à éviter le contrôleur, ce qui lui permit de faire un bout de chemin sans marcher. Il parvint ainsi à Causapscal, en plein milieu de la vallée de la Matapédia. Il était

le seul à quitter le train à cet endroit et les alentours
de la gare étaient déserts à cette heure. Il fit un effort
pour se rappeler de la direction à prendre. Sa cousine Lola, une petite femme bien ronde au regard
perçant, habitait le Deuxième Rang derrière le village.
Il se souvenait vaguement de l'endroit, qu'il avait
visité une fois avec sa famille, il y avait près de
huit ans alors que lui-même, déjà grand à cet âge ingrat,
avait quatorze ans. Il se rappela une petite maison
derrière la *coulée*. Il bifurqua à la première croisée
de chemins, reconnut d'instinct la petite vallée et
retrouva tout près la maison de Lola, comme dans
son souvenir.

Ça tombait bien parce que le vendredi soir était
un bon moment pour se présenter chez sa cousine.
Son passage serait court puisqu'il avait l'intention de
se rendre au chantier de drave dès le lundi matin.
Il frappa à la porte. Lola ouvrit en s'exclamant de
surprise :

— Quelle belle visite! Entre, Pit! C'est pas croyable
que tu sois là! Mais t'es pas dans l'armée, toi?

Pit s'empressa de répondre :

— Là, tu te trompes, Pit, c'est mon frère. Moi,
j'suis trop jeune pour l'armée.

Lola afficha une certaine hésitation, mais elle
s'abstint de répliquer. Pit avait semé en elle un doute
réel et, pourtant, elle savait à qui elle avait affaire.
Se pouvait-il que...

En présence des jeunes enfants, Pit voulait garder
le secret de son identité. Mais une fois les enfants
au lit, il lui avoua être celui qu'elle avait reconnu.
Armé de mots justes, Pit laissa parler son honnêteté
et discrètement lui révéla tout de sa situation, de sa
fuite et de la quête qui l'avait mené jusqu'à sa porte. Il
s'en voulait presque d'avoir révélé un secret qu'il gardait

pour Jeanne. La compassion emplit le cœur de Lola quand il lui exprima son goût de vivre, son amour pour Jeanne et son refus de faire la guerre. Comment aurait-elle pu rester indifférente ? Alors, malgré la peur que lui mériterait sa décision, elle accepta de l'héberger chez elle pour un certain temps.

— Reste ici, on va te trouver quelque chose pour vivre. On va trouver quelqu'un pour t'aider. Tu vas rester caché, pis on va s'arranger.

Cette visite changea le cours des choses. Pit abandonna l'idée de se rendre au chantier de drave et oublia définitivement Eugène Sellars. Lorsque lundi arriva, Pit était au travail dans les champs avec le plus vieux des garçons de Lola. Ils transportaient le fumier et s'échinaient à l'étendre dans les champs pour les futures semences. Deux semaines s'écoulèrent ainsi. Le mois d'avril s'allongeait, celui-là même qui devait se terminer avec le référendum sur la conscription, ce référendum national qui menaçait de tout bouleverser.

Le dimanche précédant le scrutin, les discussions sur le perron d'église furent des plus animées et chacun y alla de ses prédictions. Lola croisa Émile Heppel et son père Akilas. Ce dernier se plaignait du manque de main-d'œuvre. Ça serait encore pire si la conscription passait, ce qui lui apparaissait imminent. Il avait besoin d'au moins un assistant à l'année pour travailler à sa ferme, mais avec cette guerre, les meilleurs hommes étaient partis. Lola en profita pour lui parler de son cousin qui cherchait du travail. Elle vanta ses qualités de travailleur. Elle intéressa ainsi Émile, qui voulut le rencontrer.

— Demain, j'serai au bureau de vote du village toute la journée, exprima Émile. Dis à ton cousin de passer me voir.

— Vous ne serez pas déçu, Émile.

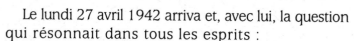

Le lundi 27 avril 1942 arriva et, avec lui, la question qui résonnait dans tous les esprits :

Le Canada, majoritairement britannique et anglais, allait-il libérer le gouvernement de ses engagements et mobiliser les conscrits sans restriction pour les envoyer se battre au nom de la couronne d'Angleterre?

La communauté francophone se sentait trahie. Les libéraux allaient-ils ainsi revenir sur leur parole? La presse canadienne, à l'exception du journal *Le Devoir*, appuyait le clan du «Oui» à la conscription et pointait du doigt les partisans du «Non» et les qualifiait de «traîtres».

Le climat des bureaux de vote était à l'image du pays et celui du village de Causapscal ne faisait pas exception. Une odeur rance de politique hantait le pays.

Peu avant midi, Pit entra au bureau de vote accompagné de sa cousine et de son mari. Ils se faufilèrent jusqu'à la table où se trouvait Émile Heppel. La veille, Pit s'était entendu avec sa cousine ; il voulait être présenté sous son nouveau nom. Visiblement mal à l'aise de mentir, ce qui ne parut pas vraiment sauf par le pourpre momentané sur ses joues, Lola se lança avec courage :

— Bonjour, Monsieur Heppel, voici mon cousin… Antoine Alain.

Antoine Alain était un bon choix, assez proche de son vrai nom, entraînant moins de risque de se tromper et rendant une erreur plus facile à rattraper.

— Bonjour, Antoine, voici ma femme Anne-Marie, dit ce dernier en désignant la dame qui se tenait debout tout près de lui.

— On partait justement manger à la maison. Tu vas venir avec nous autres, on va faire connaissance.

Émile Heppel était un grand homme aux mains larges et aux épaules carrées. Il affichait le début de sa cinquantaine de quelques cheveux gris sur des tempes un peu dégarnies. Sa femme, plus jeune sans doute, était presque aussi grande que lui, les cheveux d'un brun foncé et le visage souriant. Ils quittèrent le village ensemble en empruntant la route principale pour longer la belle rivière Matapédia et le chemin de fer qui la côtoie. À la croisée des chemins, Émile tira les cordons de l'attelage pour engager sa voiture vers le petit pont couvert qui enjambait la rivière.

— Te voilà à Heppel, mon gars... Ce pont a été construit par mon père pis ses trois frères au début du siècle. Ils ont eu des terres des deux côtés de la rivière ; alors, il a ben fallu qu'ils se construisent un pont.

Il ajouta :

— Nous habitons la maison de mon père, Akilas. Lui et sa femme Léontine vivent avec nous autres. Ses trois frères, Catin, Joseph pis Baptiste, habitent tout près. Tout le coin est appelé Heppel, le pont aussi.

Sur la droite, à la sortie du pont couvert, se dressait la maison Heppel, celle où vivaient Émile et sa famille ainsi que ses parents. Les arbres, d'immenses ormes en rangée qui entouraient la maison, s'élevaient bien droits, comme pour la protéger. Les carreaux des fenêtres laissaient paraître la dentelle des rideaux entre les reflets du soleil. Les murs lambrissés de fines lames de cèdres gris affichaient la lenteur des années écoulées. Les bâtiments de ferme formaient un rang serré. Contre la maison, tout près, il y avait le pou-lailler ; un peu plus loin, la grange et l'écurie. Pit se retrouvait sur une ferme de bonne taille. Il se disait qu'il devait y avoir beaucoup de travail à abattre au quotidien et que la famille devait être nombreuse. Cette idée fut confirmée un peu plus tard lorsque Pit, qui se tenait timidement à l'entrée de la cuisine, vit le nombre de couverts étalés à la table. Émile insista pour lui présenter sa famille dont il était si fier. Il procéda dans l'ordre, du plus vieux au plus jeune. Cette énumération des membres de la famille dura le temps que les odeurs de cuisson s'emparent de la pièce.

— Voici Thérèse, notre première, qui a dix-huit ans déjà... mais aucun prétendant. Le village est vide, tous les hommes sont à la guerre.

Thérèse jeta un regard furieux à son père. Comment pouvait-il dire une chose pareille devant un étranger. Elle entrouvrit les lèvres comme si elle allait répliquer, mais elle censura elle-même sa pensée. Elle tenait tout de même à donner bonne impression.

— Elle a des doigts de fée, notre Thérèse, ajouta Émile pour essayer de ramener le sourire sur le visage de sa fille.

Il reprit avec enthousiasme :

— Notre deuxième : Roger. C'est déjà un homme avec ses quinze ans, un vrai champion quand vient le temps de sortir un saumon de la rivière.

Pit regarda ce jeune garçon qui lui rappela soudai-nement son frère Jean-Marie. Leurs multiples esca-pades de pêche refirent surface. Avec une certaine nostalgie, Pit confia à l'adolescent :

— Moi aussi j'aime ben ça, la pêche. Il n'avait pu se retenir tellement c'était vrai que rien ne lui faisait plus plaisir que d'aller pêcher.

— V'là Mérilda, dit Émile en lui tirant une tresse de cheveux pour la taquiner, mais on l'appelle Dada.

— Pis les autres grandes filles dans le coin près de la table... Cachez-vous pas, avancez un peu... Jeannine, Cécile, Marielle, pis Gertrude.

Les quatre fillettes se bousculaient et riaient sans autre raison que la timidité naturelle qui s'impose face à un étranger.

Émile termina avec les deux petits derniers :

— Notre Ti-Guy, le grand garçon de quatre ans, pis Ti-Paul, qui aura bientôt deux ans.

De bonnes odeurs s'élevaient des chaudrons fumants qui reposaient sur le poêle à bois. Le repas fut vite consommé et l'atmosphère autour de la table fut joyeuse. Pit avait le sentiment d'être le bienvenu. Ces moments de plénitude étaient toutefois empreints de tristesse. Comme si Jeanne, présence et muse de tous les instants, manquait soudainement à son bonheur.

Le dimanche, après la messe, le grand-père Akilas avait questionné Lola au sujet de son cousin, par souci de prudence. Elle lui avait alors appris, non sans réticence, qu'il était déserteur.

— J'ai connu la guerre de 1914, avait-il ajouté.

Et puis plus rien ; il était resté silencieux sur ce qu'il avait vécu durant cette guerre. Il avait soudainement repris d'un air penseur :

— Ça prend du courage pour déserter. C'est un geste d'audace.

Lola avait senti qu'il avait ainsi exprimé une certaine approbation. Elle n'avait toutefois surtout pas osé le

questionner davantage. Quand Pit s'était amené ce
lundi midi, Akilas ne lui avait demandé qu'une chose :
— Sais-tu fendre du bois ?
— Donnez-moi une hache, j'vais vous montrer.
Pit avait passé tout l'après-midi à fendre du bois.
Il était fier du travail accompli. Lorsque le grand-père
Akilas s'était approché de la belle pile de bois bien
cordée, le jeune homme s'était interrompu le temps
de s'allumer une cigarette. Akilas avait jeté un coup
d'œil rapide du côté des bûches, il s'était retourné
vers Pit et, il avait conclu en souriant :.
— Rentrons... j'vais avoir soin de toi.
C'est sur ces mots que l'entente fut conclue. Akilas
ne lui avait rien demandé de plus ce jour-là. Les enfants,
eux, s'amusaient tout naturellement sans se préoccuper de celui qui venait de se joindre à leur vie de
famille.

Dans un coin de la cuisine se dressait un escalier
très étroit menant au grenier de la maison. Ce grenier deviendrait sa chambre. Anne-Marie, qui avait
l'impression d'accueillir quelqu'un de sa famille, le
traita avec beaucoup de bonté et de gentillesse et
s'assura qu'il ne manque de rien. Déjà, il n'était plus
vraiment un étranger. Les enfants se retrouvèrent
rapidement au lit ce soir-là, et peu de temps après,
les lampes à l'huile furent éteintes.

— Bonne nuit, Ti-Toine, dit Émile en lui remettant
une lampe pour s'éclairer. Demain, on ira chercher
tes affaires chez Lola.

Émile lui rendait un bon service. Se faire appeler
Ti-Toine n'était pas encore naturel. Pit s'efforça de
s'y habituer en se le répétant intérieurement. Il finirait
bien par y arriver. Il grimpa l'escalier qui craqua sous
ses pas, ouvrit la trappe et, au grenier, il retrouva ses
pensées et ses craintes. Sous les combles, il y avait

un grand espace ouvert. Une odeur de bois de cèdre et de laine épaisse flottait dans l'air, réconfortant les rares personnes qui pénétraient dans ce grenier. Au besoin, on y suspendait des vêtements ou encore des plantes à faire sécher. Un lit se trouvait au centre, là où le toit pointait vers le ciel. Il y avait aussi un coffre, en bois de cèdre sans doute, qui devait contenir des trésors de famille. Dans un coin, plusieurs chaises empilées attendaient d'être réparées ; prenait place aussi un berceau de nouveau-né qui sortirait sans doute bientôt de sa cachette.

Il déposa la lampe, jeta ses couvertures sur le lit et s'allongea. Ses yeux se promenaient d'une poutre à l'autre, cherchant quelque chose de familier dans ce coin isolé de la maison. Il avait tout de même réussi à trouver un bon refuge malgré son statut de déserteur.

Il réalisa alors qu'il y avait exactement vingt et un jours aujourd'hui qu'il avait déserté. Le lundi de Pâques, 6 avril 1942, comme tous les autres soldats de son peloton, il aurait dû être de retour à Petawawa. Aujourd'hui, ce 27 avril, jour du référendum, il se cachait au creux de son pays dans la vallée de la Matapédia. L'armée avait sans doute déjà signalé sa désertion. Son nom devait dorénavant figurer sur la liste des milliers d'hommes qui, unissant comme lui le geste à la parole, refusaient de faire la guerre.

À ce moment même, dans la *noirceur* de cette première nuit, chez ces gens qu'il ne connaissait pas encore, malgré ses craintes et les dangers qui le menaçaient, il ne regrettait pas sa décision. Il avait choisi cette vie, la vie, et il l'assumerait.

Quelques jours plus tard, partout au pays, les résultats du référendum faisaient couler beaucoup d'encre dans les journaux. Toutes les provinces canadiennes, à l'exception du Québec, s'étaient prononcées en faveur de la conscription. Pour leur part, les Québécois avaient répondu «NON» à 71 %, mais le Canada disait «OUI» à 63 %. Le gouvernement de Mackenzie King enverrait donc les conscrits outre-mer avec l'accord du Parlement. C'était chose entendue pour tous les hommes de dix-huit ans et plus.

Pit se rappela sa discussion avec son père au sujet de ce référendum. Quelle inquiétude Léonidas devait-il ressentir à présent? Le fils aurait tant aimé faire savoir à son père qu'il ne serait jamais de ceux qui subiraient les torts de ce référendum canadien.

Mais pour l'instant, il était Antoine Alain et la prudence l'accompagnerait désormais dans tous ses gestes, ses déplacements et dans la moindre de ses paroles. Aucun faux pas ne lui serait permis. Aucun écart ni aucune parole déplacée ne lui était permise. Les prévôts rôderaient sûrement comme des vautours à l'affût d'une proie. Il n'était pas question de tomber entre leurs griffes.

Le lendemain de sa toute première journée à la ferme, Pit besognait dans l'étable quand soudain deux des enfants arrivèrent essoufflés.

— Toine, pépère Akilas fait dire de rester caché, pis de ne pas venir à la maison. Il y a des étrangers.

Les enfants avaient rapidement compris que la présence de Toine était un secret. Avisés à maintes reprises par leur mère de n'en parler à personne, ils se faisaient une fierté de bien garder le secret. Sans chercher à en savoir plus, Pit grimpa l'échelle et se camoufla sous une bonne épaisseur de foin. Au

moment de refermer la grande porte derrière elle, Dada fit marche arrière pour ajouter à demi-voix :
— Attention... ils arrivent.

Pareil avertissement le figea sur place ; pas une seule brindille de foin ne bougea, sa respiration courte et haletante traduisit sa peur viscérale. Uniques témoins, quelques mouches s'agitaient dans le récent déplacement de foin, virevoltant dans les rares rais de lumière qui s'infiltraient du toit...

Qui étaient ces gens ? S'agissait-il des prévôts ? Que venaient-ils faire ici ? Quelqu'un l'avait-il vendu ? Déjà ? De sa cachette, il fixait les planches de la porte. Elle s'ouvrit sans hâte. Akilas entra en premier, suivi de deux hommes que Pit reconnut aussitôt : Edouard Blazer et Arthur Athoms, des *guenilloux* connus dans toute la Gaspésie. Il ne s'agissait donc pas des prévôts, mais il devait quand même éviter d'être vu.

Ces gars-là seraient sans doute prêts à crier sur tous les toits qu'ils avaient rencontré un jeune Gaspésien en cavale et surtout à le vendre à la police militaire pour quelques *piastres*. La délation, c'était payant.

Les hommes marchaient lentement, chacun dans ses bottes lourdes, comme pour *faire le train*. Pit se demandait ce qui pouvait bien les amener à s'intéresser à un troupeau de vaches. Il comprit lorsque le grand-père Akilas prit la parole.

— Vous voyez ben les gars, les animaux sont là, pis y a pas de place pour dormir icitte. J'vous l'dis, on vous donne à manger, pis vous reprenez la route. On peut pas vous héberger pour la nuit.

Comme les deux *guenilloux* marmonnaient quelque chose d'incompréhensible, Akilas insista sur un ton plus direct :

— Il fait cru icitte. Venez vous chauffer à la maison pis manger une croûte avant de reprendre votre route.

La porte de l'étable se referma, le bruit que faisaient les trois hommes s'éloigna vers la maison. Soulagé, Pit sortit de sa cachette, des brindilles de foin collées à ses vêtements et lui décorant les cheveux. Il pouvait maintenant respirer malgré cette peur qui lui avait collé à la peau. À partir de ce jour, il se mit à surveiller, deux fois plutôt qu'une, les allées et venues qui auraient pu lui apparaître suspectes.

Les semaines passèrent et Pit devenait familier avec son nouveau milieu de vie. Les animaux étaient nombreux à la ferme et avec les vaches qui passaient l'été au champ, il y avait beaucoup à faire. Chaque jour, Émile sortait son *char* de la remise pour transporter le lait. Lui et Pit accrochaient à son Oldsmobile 1927 un chariot qu'ils avaient eux-mêmes fabriqué pour y corder les bidons. Émile laissait Pit et Roger s'occuper de la traite des vingt-cinq vaches. Certains matins, le grand-père Akilas les accompagnait, mais jamais pour les aider. Il prétendait depuis toujours qu'il était incapable d'en traire une parce que le bon Dieu l'avait fait avec des mains trop larges et des doigts trop gros pour ça.

Il leur fallait aussi engraisser les cochons, nourrir les poules et les oies, sans oublier les chevaux qui devaient être bien soignés et bien ferrés. De plus, les champs en culture exigeaient un entretien constant. Toutes ces tâches n'empêchaient pas Émile de trouver le temps pour pêcher le saumon sur la Matapédia ou encore la truite sur le lac. C'était, lui aussi, un passionné de la pêche, du temps d'attente, des bruits et du silence que produisait si bien la nature.

Pit trouva naturellement sa place auprès de ces gens et il se fit une nouvelle vie de famille. Il s'adapta aussi au voisinage et aux gens du village. Anne-Marie interdit aux enfants de parler de Ti-Toine à qui que ce soit. Aux curieux qui, à l'occasion, lui demandaient pourquoi il n'était pas à la guerre, Pit répondait simplement :

— L'armée n'a pas voulu de moi...

Il n'en fallait pas plus pour les faire taire, semblait-il.

CHAPITRE 9
Une lointaine proximité

EN DÉPIT DES TRAVAUX QUI L'OCCUPAIENT et des liens qu'il tissait autour de lui, Pit ressentait souvent de l'ennui. Jeanne lui manquait et ses contacts avec l'extérieur se bornaient à quelques échanges après la messe du dimanche. Il avait toutefois appris que la femme de Catin, le frère d'Akilas, était devenue aveugle à la suite d'une fulgurante poussée d'hypertension et que ce dernier cherchait désespérément une aide-ménagère. Ce serait là l'occasion parfaite pour faire venir Jeanne auprès de lui. Ils pourraient alors se voir régulièrement sans rien compromettre. Il commença à caresser ce rêve.

Dès ce premier printemps, on lui demanda de remplacer un travailleur au *moulin à scie*. Avec un ouvrier blessé, les gens du moulin cherchaient de la relève pour quelques jours, histoire de maintenir la production. Il y consentit, car la chose paraîtrait normale. Sa première journée se déroula très bien malgré les longues heures exigées. Toutefois, le second jour, lorsque le coup de sifflet de midi se fit entendre, Pit eut un pressentiment. Quelque chose lui disait qu'il devait quitter le moulin sur-le-champ. Sans fournir d'explication pour son départ précipité, il exigea en argent comptant le paiement des heures travaillées ; rien d'autre, pas question de laisser de trace de son passage au moulin. L'argent empoché, il ramassa ses affaires et disparut. Il lui suffisait de quelques minutes pour traverser la rivière et rentrer à la ferme.

Lorsque le sifflet sonna pour marquer la reprise du travail, de leur côté de la rivière, Émile et Pit virent des prévôts s'introduire au moulin et procéder à l'arrestation de quatre hommes. Émile s'exclama :

— Il y a un bon Dieu pour toi !

Les yeux rivés sur la scène qui se déroulait si près d'eux, Pit tremblait à l'idée de se voir pris dans un pareil piège, comme ces quatre hommes débusqués et emmenés de force. Il venait d'échapper à une arrestation. Avec difficulté, un tremblement dans la voix, il parvint à répéter intégralement les mots d'Émile, sans doute pour se convaincre qu'il s'en était bel et bien sorti : «Il y a un bon Dieu pour moi.»

Pit occupait parfois ses longues soirées au grenier à écrire des lettres à Jeanne. Il lui parlait des tâches quotidiennes aux champs et de ses rêves insensés. Tout pouvait prendre vie par les mots et les bruits de plume sur le papier. Il en écrivit plusieurs, mais sans jamais les mettre à la poste. Utiliser la poste, c'était trop risqué après tout.

Trois mois passèrent ainsi, mais un soir du mois d'août, il se décida à demander à Jeanne de venir travailler chez le père Catin. Il avait pris entente avec cet homme. Sa femme et lui étaient enchantés à l'idée d'accueillir Jeanne pour septembre. Le lendemain, c'est au chef de gare que Pit remit une lettre adressée à mademoiselle Jeanne Bujold de Caplan. Il n'était pas question de courir le risque de mettre la lettre à la poste, car elle porterait l'estampe du village de Causapscal, ce qui rapprocherait de lui les prévôts si elle était interceptée. Il fallait aussi que cette lettre n'en dise pas plus que nécessaire.

Cette lettre d'amour déguisée empruntait donc des mots qui ne trahissaient aucun sentiment. Sur un ton neutre, il proposait un travail à Jeanne chez le père Catin.

En guise de signature, il posa simplement les lettres AA au bas de la page, convaincu que Jeanne parviendrait à deviner qu'il était derrière cette offre intrigante. Elle devait se présenter à la gare de Causapscal le mardi premier septembre. À l'aide de quelques indices, Pit lui indiquait ainsi l'endroit où il avait trouvé refuge.

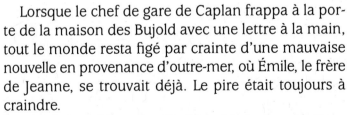

Lorsque le chef de gare de Caplan frappa à la porte de la maison des Bujold avec une lettre à la main, tout le monde resta figé par crainte d'une mauvaise nouvelle en provenance d'outre-mer, où Émile, le frère de Jeanne, se trouvait déjà. Le pire était toujours à craindre.

— Bonjour, Hector… Bonjour, Madame… J'ai une lettre pour Jeanne, dit le chef de gare en s'essuyant

le front du revers de la main dans la chaleur suffo-
cante de ce mois d'août.

Jeanne se leva aussitôt pour la prendre. L'amour
n'attend pas.

— Je ne peux pas vous dire d'où vient cette
lettre ; y a rien sur l'enveloppe à part votre nom,
pis Caplan.

Puis il ajouta avec quelques éclats de rire :

— Une chance qu'on se connaît par icitte !

Le cœur battant à tout rompre, Jeanne réussit
tant bien que mal à cacher son excitation. Et pour cause ;
elle sentait bien qu'il y avait dans cette enveloppe
les premières nouvelles de Pit depuis sa désertion.
Prudente, elle se saisit de la lettre, remercia son por-
teur et monta seule à sa chambre, détentrice d'un
secret encore non dévoilé. Derrière la porte close, elle
cherche des mots d'amour, mais elle fut bien déçue.
Rien de tout ça, aucun réconfort, pas même un mot
à propos de celui qu'elle aimait le plus au monde.
Elle n'y trouva rien. Que des mots vides, sans tact
ni chaleur, mais une fois la surprise passée, elle
comprit que c'était la discrétion qui faisait parler ainsi
son correspondant.

Elle prit alors le temps de fermer les yeux en serrant très fort ce bout de papier sur son cœur et elle
s'imagina celui qui l'avait écrit. Comme par miracle, il
lui sembla entendre Pit lui parler subtilement d'amour.

Au cours de ce premier été que Pit passa chez
les Heppel, la grand-mère Léontine, affligée d'une
paralysie, ne s'exprimait plus que par signes et elle
arrivait péniblement à écrire des petits mots. Pour

le reste, elle était confinée à la chaise berçante, repliée sur elle-même, presque immobile, la tête retenue par un bandeau parce que son corps refusait de la soutenir. Pit n'eut pas vraiment le temps de la connaître. En fait, dès les premières semaines où il avait été à la maison de Heppel, l'état de santé de la vieille dame s'était détérioré et on avait craint pour sa vie. Mais la vieille ne voulait pas mourir en juillet pendant les récoltes de foin. Elle préféra attendre la fin du mois d'août pour quitter les siens, comme si on pouvait décider du moment de sa mort pour de bonnes raisons.

De son côté, Akilas, son conjoint depuis toujours, s'était isolé pour pleurer. Il appartenait à cette époque trop pudique qui préconisait la solitude comme seul lieu de rencontre avec ses émotions. Il se devait d'être fort, surtout devant les enfants. Il pouvait tout au plus afficher sa tristesse sans toutefois s'écarter des limites recommandées par les coutumes de l'époque qui dictaient ce genre de choses.

— Où est pépère? demanda discrètement Anne-Marie, soucieuse d'entreprendre le nécessaire pour les funérailles.

— Je l'ai vu prendre le chemin vers la rivière, répondit Émile.

Elle savait que cela voulait dire un endroit pour pleurer.

— Il est pas parti ben loin, ajouta-t-il, il va revenir, inquiète-toi pas.

Sur ces paroles, Akilas se pointa, les yeux quelque peu rougis, mais maintenant disposé à faire le nécessaire avec toute la dignité que méritait sa douce épouse.

Dès le lendemain soir, la grand-mère reposait dans son cercueil au salon familial. La maisonnée était prête, la famille et les amis ne manqueraient pas de venir exprimer leur sympathie. Forcément, Pit s'était éloigné de la maison ce soir-là afin d'éviter une rencontre inopportune qui aurait pu le faire démasquer. Il regrettait de ne pas pouvoir soutenir la famille dans ce moment de douleur.

En fin de soirée, estimant que tous les visiteurs étaient partis, Pit s'enhardit à rentrer à la maison, dont les abords apparaissaient plutôt calmes. Il se dirigea vers le balcon en restant attentif au moindre bruit ou au son d'une voix étrangère. Il grimpa lentement les marches. Face à la porte, il posa la main sur la poignée et, toujours aux aguets, il la poussa doucement pour l'ouvrir. Ce faisant, il se rendit compte qu'un homme se tenait bien en vue dans la lumière de la maison. Il le reconnut et, heureusement pour lui, la *noirceur* était avancée et l'on ne pouvait facilement distinguer quiconque s'apprêtait à entrer. Pit referma aussitôt la porte, le souffle coupé. Le docteur Saint-Laurent, celui-là même qui lui avait fait passer ses examens médicaux pour l'entrée dans l'armée, s'était déplacé pour les funérailles. Pris de panique, Pit s'éloigna discrètement d'abord, puis il se mit à courir pour ne s'arrêter qu'une fois rendu dans la *tasserie* de foin. Il s'y creusa un trou et il y resta camouflé, aux aguets, avec une fois de plus la peur au ventre.

Le lendemain matin très tôt, deux petites voix le réveillèrent.

— Ti-Toine, t'es là ?

— T'es là Ti-Toine ? dit la seconde voix pour s'assurer qu'il n'y avait vraiment personne.

— On t'a apporté à manger.

Le docteur Saint-Laurent faisait véritablement partie de la famille, comme on dit, et comme il habitait loin, il était resté dormir à la maison. Anne-Marie se doutait bien que Pit ne serait pas au grenier ce matin-là. Alors elle s'était empressée de rassembler un déjeuner convenable quoique improvisé et, en cachette, elle avait dit à Dada et à Gertrude :

— C'est pour Toine.

Les enfants se demandaient sans doute pourquoi, certains jours, celui-ci ne venait pas à la maison, mais jamais ils n'avaient posé de questions. Après tout, la cachette est un jeu que les enfants prennent au sérieux.

Jeanne avait décidé de faire honneur à l'invitation qu'elle avait reçue quelques semaines auparavant. Alors, ce mardi 1ᵉʳ septembre, tous étaient au rendez-vous, Pit tirant à pleins poumons sur sa cigarette et le père Catin piétinant sur place et jetant son regard au ciel à tout bout de champ.

— La pluie s'en vient, on va se faire mouiller, c'est ben certain.

Le train essoufflé ajouta au temps maussade une fumée grise qui se fondit aux nuages de pluie. Pit, qui ne tenait pas en place, trouva la Jeanne qui descendait du train plus belle que dans tous ses souvenirs. Sa petite valise à la main, elle portait une robe d'un bleu qui chassait tout le gris du ciel. En présence du père Catin, les retrouvailles des amoureux furent trop sobres et trop modestes à leur goût. Leurs regards qui se croisaient furtivement exprimaient toutefois tout leur amour retenu.

Une fois les présentations faites, craignant la pluie, le père Catin précipita leur retour.

— Rentrons avant que ça tombe.

CHAPITRE 10
La solitude du déserteur

SEPTEMBRE COLORA LA CHEVELURE DES ARBRES et octobre s'entêta à la dégarnir. En ce 15 novembre du vingt-troisième anniversaire de Pit, l'hiver prenait déjà toute la place qui lui revenait. Les champs dormaient sous une épaisse gelée blanche. Les animaux de ferme se blottissaient à l'étable et les derniers oiseaux migrateurs quittaient les lieux pour le sud, leur façon à eux de déserter pour survivre.

Émile entassait dans la carriole tout ce dont Pit aurait besoin pour passer sa première semaine seul au petit camp d'hiver de la montagne. Construit en bois rond, le petit camp offrait peu de confort, mais son poêle à bois au centre de l'unique pièce réchauffait rapidement l'endroit et devenait un réconfort précieux pour celui qui devait y passer les longs mois d'hiver.

C'était le début de la saison de la coupe. Il fallait bûcher le bois pour toute l'année. Émile veillait lui-même aux préparatifs et traitait Pit comme son propre fils. Il s'était écoulé six mois depuis l'arrivée du fugitif. Ils avaient appris à se connaître et à s'apprécier.

Un beau samedi soir, alors qu'ils arrivaient à la beurrerie pour livrer leur lait, un voisin qui s'y trouvait avait même dit à Émile :

— T'en as un qui grandit, dis donc...

— Tu peux le dire! répliqua Émile, en jetant un regard complice à Pit. C'est le portrait tout craché de son grand-père.

Une fois le voisin parti, ils s'étaient mis à rire de bon cœur. Émile avait fini par dire :

— Il a sûrement besoin de lunettes, le bonhomme Fortier, mais en attendant, il a l'air de m'croire. C'est ça qui compte.

Ainsi, pendant les longs mois d'hiver, Pit quittait la maison des Heppel le dimanche après-midi pour ne revenir que le samedi soir suivant. Ce nouvel isolement n'avait rien pour lui déplaire. Au contraire, la peur constante d'être dénoncé ou de se retrouver en face d'un prévôt lui faisait plutôt apprécier cette vie de solitude au cœur des bois.

Émile le payait quatre *piastres* la corde et Pit en empilait quatre par jour. À l'abri du fisc, logé et nourri, sa situation était somme toute acceptable, enviable même. De son côté, puisque son homme le fournissait en bois coupé, Émile devait faire deux voyages par jour jusqu'au *moulin à scie*. Là, le meilleur bois était trié et réservé à l'exportation vers l'Angleterre. Le reste, qui était bon pour le chauffage, était dirigé à Montréal.

Les journées au camp de la montagne commençaient au lever du jour et il fallait profiter de la clarté et bûcher jusqu'au coucher du soleil. Ses repas d'une simplicité de circonstance, faits de lard, de mélasse et de fèves au lard accompagnées de pain, Pit les prenaient toujours seul. Après le repas du soir et un brin de toilette rudimentaire, il prenait soin d'enfourner autant de bûches qu'il le pouvait dans le poêle du petit camp et il mettait ses vêtements à sécher pour le lendemain. C'était ce qu'il y avait de mieux à faire avant de se mettre au lit. Pour le reste, la laine de ses bas et de ses sous-vêtements et quelques couvertures le gardaient du froid. Après ces journées de dur labeur, le lit odorant confectionné de branches de sapin bien tassées était très accueillant. Le sommeil arrivait vite au son du crépitement du feu et des bruits insolites de la forêt.

Pit appréciait le rythme de cette nouvelle vie, mais il devait aussi apprivoiser la solitude prolongée qui l'accompagnait. Les premiers temps furent difficiles. Il faut dire que l'automne qu'il venait de vivre avait été si doux, avec Jeanne si peu loin de lui qu'il avait pu la voir régulièrement. D'ailleurs, la nouvelle de son arrivée chez le père Catin avait vite circulé. Émile avait rapidement découvert qui était cette nouvelle venue et, surtout, il avait compris les manigances de Pit pour se rapprocher de celle à qui il avait promis son cœur.

Les occasions de se voir étaient bien sûr limitées, mais se savoir tout près l'un de l'autre, dans le même village, leur apportait beaucoup de réconfort. Ils étaient passés maîtres dans la façon de ne pas afficher leur relation au grand jour, faisant scrupuleusement tout ce qui était nécessaire pour éviter d'alimenter des rumeurs ou des commérages à leur sujet. Ils étaient parfaitement conscients du danger qui les guettait et du dérapage que pouvait déclencher la moindre indiscrétion. Ils faisaient de chaque occasion où il leur était réellement permis de se retrouver un moment privilégié, mais ces occasions étaient rares. C'était même comme si quelqu'un s'ingéniait à empêcher ces rencontres. Ils ne se retrouvaient presque jamais seuls; ce n'était que dans la cuisine des Heppel, avec les enfants, les parents et le grand-père qu'ils parvenaient à passer quelques heures ensemble. Ou encore, c'était Thérèse qui les accompagnait en promenade. Mais en dépit du manque d'intimité, ces moments étaient venus nourrir leur espoir de sortir un jour de cette vie cachée.

Il y avait déjà quelque temps que Pit passait ses semaines au camp. Ce samedi, plus tôt qu'à l'habitude, Émile annonça à sa femme :

— J'pars chercher Toine.

Sur ces paroles, il décrocha son manteau et partit comme un coup de vent avant même qu'elle n'ait le temps de réagir. À peine avait-il fermé la porte derrière lui qu'il revenait en disant :

— J'prends mon fusil... On ne sait jamais, j'peux arriver face à face avec un chevreuil; je m'en voudrais ben de ne pas l'avoir.

Dans les environs de la montagne qu'il fallait traverser pour se rendre au camp, il y avait des cèdres en quantité et les chevreuils y trouvaient leur nourriture. On comptait déjà plusieurs pistes fraîches.

Sur le chemin du retour, Émile arrêta soudain la voiture.

— Pit, vite, donne-moi mon fusil... On va manger du gibier frais à soir.

Un chevreuil se pointait à bonne portée devant eux. Les yeux brillants d'excitation, Émile s'empressa d'épauler son fusil et, sûr de lui, il appuya sur la gâchette. Un bruit sec retentit, mais aucune cartouche n'était montée dans le canon... et le chevreuil prit la fuite.

Émile fut l'homme le plus fâché de la terre. En chasseur expérimenté qu'il était, il n'acceptait pas son erreur. Ne jamais revenir bredouille. Tout le reste du trajet s'effectua avec un Émile répétant sans cesse que c'était la faute du fusil ou de la cartouche qui s'était envolée.

Pit tenta de lui faire oublier cet incident.

— On va manger de la viande sauvage quand même parce que cette semaine, j'ai attrapé huit lièvres dans mes collets, pis j'ai tué vingt-quatre perdrix. Mon sac est ben plein.

Émile ruminait toujours. Alors Pit se mit à lui raconter :

— Vous croirez pas ce qui s'est passé cette semaine... Jeudi matin... en allant relever mes collets à lièvres, j'me suis rendu compte qu'un gars était venu en installer d'autres dans mes chemins. Je l'ai trouvé pas mal effronté. J'ai pris ma carabine 22, pis j'ai coupé chaque collet sur place. En après-midi, il est passé pour les relever, pis en m'entendant bûcher, il est venu me voir. Il paraissait étonné de me trouver. J'lui ai demandé ce qu'il voulait... J'me doutais ben que c'était le gars des collets... Alors il s'est empressé de me dire : «Les lièvres ont des maudites dents par icitte, ils ont coupé mes collets.» J'ai réussi à garder mon sérieux, pis je lui ai conseillé d'aller sur l'autre versant de la montagne où il serait plus chanceux. J'ai ben l'impression qu'il m'a cru parce que je l'ai pas revu.

— T'es pas sérieux... Il a pas pu dire une chose pareille, s'esclaffa Émile.

— J'vous assure qu'il croyait dur comme fer que les lièvres l'avaient ben eu... Je l'ai pas contredit, j'voulais surtout pas le revoir.

Après avoir écouté cette histoire invraisemblable, Émile s'était remis de sa propre frustration de revenir pour une fois à la maison les mains vides.

Les semaines passaient et se ressemblaient à peu de choses près. Seule la température semblait improviser. Pit empilait les cordes de bois et Émile les faisait disparaître. Ensemble, ils formaient une bonne équipe et leur travail était fort rentable. Toutefois, Pit accomplissait tout ce travail au prix d'une solitude qui finit par lui peser.

Il était de ceux qui affectionnent particulièrement la forêt, la chasse et la pêche. Il parvenait à vivre en symbiose avec ce milieu. Il agissait souvent en fonction des acquis de son enfance et parfois simplement par instinct parce qu'il avait une grande confiance en lui-même et encore plus en la vie. Son goût de vivre était si grand, son amour pour Jeanne si vrai. Pourtant, tout cela lui demeurait inaccessible. Il avait choisi de vivre comme déserteur. Il en connaissait maintenant la cruelle solitude.

Noël enfin apporta un répit, de courte durée, mais ô combien salutaire. Pit retrouva la chaleur de son grenier et la vie de famille des Heppel. Ces gens qui, quelques mois plus tôt, étaient pour lui des étrangers, étaient maintenant sa véritable famille d'adoption. Il se sentait des liens de plus en plus serrés avec eux qui étaient si bons pour lui. Jamais il ne s'était imaginé vivre ainsi, à la fois caché des siens et accepté comme un membre à part entière d'une autre famille. Il réalisait toute la chance qu'il avait d'habiter chez eux, sans compter que Jeanne trouvait aussi sa place dans ce milieu de vie. D'ailleurs, Thérèse avait eu tôt fait de se lier d'amitié avec elle. Peu de temps après son arrivée, les deux jeunes femmes s'étaient rencontrées lors d'une cueillette de noisettes. Une rencontre comme le hasard sait en faire quand on l'aide un peu.

C'était une journée qui s'était déroulée comme d'habitude à la ferme. Une fois les travaux d'entretien terminés, Pit avait proposé à Roger quelques heures de cueillette à l'orée du bois sur la terre du père Catin. Comme le temps était superbe, Roger avait accepté. Thérèse avait demandé de se joindre à eux.

— À trois, la récolte va être meilleure, c'est certain, avait dit Pit.

Cette cueillette était tombée à point pour lui qui cherchait constamment une excuse pour rendre visite à Jeanne. Ils s'étaient arrêtés chez le père Catin où il avait pu inviter Jeanne à les accompagner. Cette fois, ils ne seraient pas limités à quelques minutes de conversation d'usage. Les heures à venir le faisaient déjà rêver, même si la chaudière de noisettes risquait de revenir vide à la ferme...

— Allons-y tandis que le soleil est beau, avait-il ajouté plein d'entrain et stimulé par l'idée de revoir Jeanne, fleur unique parmi les champs.

— J'ramasse des gants pis vous autres, allez chercher des chaudières, avait dit Thérèse qui voyait cette expédition d'un bon œil.

Les trois cueilleurs avaient pris le chemin qui menait à la terre du père Catin. Pit avait gardé secrète son intention. Arrivés tout près de la maison, il s'était exclamé spontanément :

— On devrait aller saluer le père Catin !

Et sans attendre la réponse, il s'était dirigé vers la maison.

— Bonjour Ti-Toine... avait dit le père Catin. Roger, Thérèse où est-ce que vous allez avec vos chaudières ?

— On va aux noisettes, répondit Pit, et il avait enchaîné aussitôt :

— Jeanne peut venir avec nous si vous en voulez.

— Ouais, c'est une bonne idée ça. J'vais la chercher.

C'est ainsi qu'ils avaient passé tout l'après-midi ensemble. Thérèse et Jeanne avaient fait connaissance et on avait déjà pu voir naître un lien d'amitié entre les deux femmes. Pit avait été fort content de la tournure des évènements. Il serait dorénavant plus facile de prévoir des sorties et il ne se verrait plus seulement limité à une simple conversation à la sauvette avec sa dulcinée. Ce champ deviendrait vite un nouveau lieu discret de rendez-vous.

Les festivités de Noël terminées, Pit reprit ses activités de bûcheron avec un brin de nostalgie. Le prochain répit serait Pâques, un congé éloigné au calendrier et encore plus du cœur de sa belle Jeanne. Il lui restait à passer les mois les plus rudes de l'hiver. D'ici là, il devait se résigner à vivre plusieurs tempêtes de neige et des froids intenses, seul au fond des bois.

À l'isolement de plus en plus difficile, s'ajoutait la crainte de voir Jeanne quitter Causapscal. Leurs rencontres s'étaient faites si rares depuis que l'hiver était arrivé. Combien de temps encore seraient-ils confinés ainsi à vivre tous les deux dans l'isolement, la solitude, l'ennui et la peur? Rien de bon pour favoriser une relation d'amour, ces petits épisodes! Combien de mois, d'années? Pit devait constamment puiser au fond de lui-même la force de continuer, mais il y avait des jours où ça lui semblait impossible.

Il tint bon jusqu'au printemps. La nature renaissante estompa ses journées de découragement. Il quitta le camp quelques jours avant Pâques, ramenant avec lui tous ses effets personnels et s'assurant de ne rien laisser derrière lui. Il ferma officiellement la saison. Les travaux agricoles reprendraient la première place. On commençait à revoir les champs sous la neige qui fondait au soleil. Avec Émile, il fit l'abattage d'un petit agneau du printemps. Pâques serait célébré avec un gigot frais. Pit salivait déjà à l'idée de ce festin qui le changerait des fèves au lard de tous ses repas depuis novembre. Émile le combla alors d'un nouveau bonheur :

— Tiens, va porter ce morceau d'agneau au père Catin, pis profites-en donc pour inviter Jeanne à notre dîner de Pâques. Elle pourra revenir avec nous après la messe.

Pit sentait bien la bonté et la générosité d'Émile. Ne saurait-il jamais comment lui exprimer toute sa gratitude? Il partit aussitôt, transporté par une joie immense. Chaque petit moment comme celui-là lui redonnait confiance en la vie. Il apprenait à les vivre un à la fois dans toute leur intensité.

Pâques 1943 marquait sa première année complète de désertion. Il lui arrivait souvent de penser à ses parents. Sans doute savaient-ils déjà depuis un certain temps qu'il avait déserté. Comment l'avaient-ils appris? Comment les rassurer? De toute façon, il était beaucoup trop risqué de tenter de les contacter, de quelque manière que ce fût. Puisque sa mère était sans nouvelle depuis un an déjà, Pit l'imaginait s'inventer différents scénarios et, surtout, égrener son chapelet à répétition pour supplier le bon Dieu de protéger son fils.

Ces images d'abandon involontaire revenaient souvent le hanter. Il devait constamment maîtriser son désir d'écrire un mot ou de faire une visite chez lui. Le risque de se faire arrêter par les prévôts était beaucoup trop réel. Un an, c'est parfois court pour certaines circonstances. Il ne se passait pas une journée sans qu'il y pense. Il vivait sous un faux nom, il était déserteur. Jamais il ne pourrait se permettre une telle faiblesse.

Ce même printemps, il avait eu très peur lorsque Émile et lui étaient partis à la pêche à la truite dans le village de Lac au Saumon. Un habitant du voisinage, Alcide Plante, les accompagnait. À leur retour sur la route nationale, un policier en motocyclette les avait forcés à s'arrêter en se plaçant droit devant eux. La voiture s'était immobilisée. En état d'alerte et pris de panique, Pit avait eu le cœur qui lui battait si fort qu'il en avait eu les jambes toutes molles. Une fois de plus, il avait craint d'avoir été dénoncé et il s'était battu contre l'idée d'être arrêté.

Toutefois, le policier ne s'était pas dirigé vers eux. En fait, il n'avait pas quitté sa motocyclette, faisant du surplace dans l'attente de quelque chose. Dans l'auto, personne n'avait osé bouger. Tout à coup, ils avaient aperçu un camion de l'armée, puis une série d'autres; il s'agissait simplement de laisser passer un convoi militaire. Pit avait alors poussé un long et profond soupir de soulagement. Émile lui avait jeté un regard afin de s'assurer que tout allait bien. Il avait compris, à son teint blafard, l'état de nervosité de son protégé. Aussi, soucieux de lui épargner d'autres rencontres du genre, il avait rebroussé chemin pour emprunter le Rang B, qui permettait de contourner le village. Cette route de terre était à peine carrossable; on y rencontrait une multitude de très grosses roches, des obstacles évidents qui pouvaient quand même être évités. Y rouler soulevait un énorme nuage de poussière par temps sec; aussi Alcide s'était demandé ce qui avait bien pris à Émile d'emprunter pareil chemin. Pit avait fait semblant de ne rien comprendre, lui non plus, mais au fond de lui-même, il s'était dit : «Une fois la guerre terminée, vous comprendrez bien...»

La guerre s'éternisait. Il était impossible de lire le journal sans tomber sur l'énumération des morts, et les grands titres faisaient montre des pires horreurs. Le manque de main-d'œuvre dans les usines de guerre faisait aussi de plus en plus la manchette. L'enrôlement d'un nombre croissant de travailleurs dans les forces armées causait des difficultés à l'industrie canadienne. Pour compenser, on fit appel à la main-d'œuvre féminine. Cette relève des femmes devait dorénavant contribuer à l'effort de guerre.

Depuis quelques mois déjà, Jeanne songeait à se rendre en ville pour travailler dans une usine. Elle prit la décision de passer tout l'été à Causapscal, mais de partir pour Montréal en septembre. Les fréquentations étaient devenues beaucoup plus faciles avec la belle saison. Elle sortait d'un hiver qui lui semblait avoir duré des années. Les rencontres avec Pit avaient été si rares. Elle avait vécu un tel ennui qu'elle ne s'imaginait pas pouvoir revivre un prochain hiver semblable. Sa décision était prise ; il lui fallait maintenant l'annoncer.

Le 9 août, jour de son vingt-troisième anniversaire, le soleil brillait, le vent était doux, les oiseaux chantaient. Il y avait dans l'air du temps une joie de vivre soudaine. Très tôt ce matin-là, Jeanne s'était affairée au lavage. Les vêtements et le linge de maison s'étaient accumulés à cause de la pluie des derniers jours. Elle était en train d'étendre les vêtements sur la corde lorsque le chien Noireau, qui tournait autour d'elle, se mit à aboyer. Elle vit un visiteur se présenter au bout du chemin, un gros bouquet de fleurs sauvages à la main. Elle accrocha un dernier morceau, passa rapidement la main dans ses cheveux pour se faire une beauté retouchée à la sauvette et partit à la rencontre du visiteur, le sourire aux lèvres.

— Bonjour, ma belle mademoiselle ! J'ai cueilli pour vous les plus belles fleurs du coin, annonça Pit en lui offrant le bouquet multicolore.

— Bon anniversaire ! ajouta-t-il.

Jeanne reçut le bouquet avec beaucoup d'émotion et avant même de dire merci, elle s'empressa de poser ses lèvres sur celles de son amoureux pour un baiser qui exprimait tout son bonheur.

— J'peux pas rester plus longtemps ; il y a trop de travail qui m'attend à la ferme, mais j'te donne rendez-vous après le souper. J'vais revenir te chercher, pis on ira se promener.

— J'vais m'arranger pour terminer la vaisselle pour 6 heures ; ça nous donnera plus de temps ensemble.

— À ce soir...

Pit vola un dernier baiser et reprit le chemin du retour. Jeanne demeura sur place quelques instants, le bouquet de fleurs à la main, Noireau à ses côtés. Le soir venu, Pit fut au rendez-vous. Les deux amoureux marchèrent jusqu'aux abords de la rivière. Le soleil déclinait ses derniers rayons sur l'eau dans des reflets ocre et carmin. Avec subtilité, Jeanne fit dévier la conversation vers sa décision de quitter son travail chez le père Catin pour se rendre travailler à Montréal. Elle attendait une réaction.

— Tu partirais quand ? demanda Pit.

— En septembre.

— Tu vas habiter où ? ajouta-t-il.

— J'pourrais rester chez ma tante Georgianna. J'lui écrirai pour être sûre qu'elle est prête à me prendre avec elle pour un bout de temps.

Elle mesurait la portée de cette idée. Elle poursuivit en disant :

— J'vais trouver l'hiver moins dur, j'vais être mieux payée... pis on va s'écrire comme avant. J'vais envoyer mes lettres à Thérèse, on va faire attention. Pis... elle va ben finir par finir cette guerre-là.

L'étreinte qu'il lui donna ne faisait aucun doute. Il comprenait et acceptait sa décision.

— Oui, la guerre va finir, pis ce jour-là, on va sortir de notre cachette... On va se marier au grand jour, j'te le jure.

Au début de septembre, Jeanne quitta définitivement le village de Causapscal. La séparation sur le quai de la gare fut déchirante. Les amoureux restèrent accrochés l'un à l'autre jusqu'à la toute dernière seconde. La seule promesse qu'ils pouvaient tenir

pour l'instant, c'était de s'écrire. Un dernier long
baiser remplaça les derniers mots. Le train l'emporta
vers la grande ville.

Le départ de Jeanne laissa un vide qui accentua
la solitude déjà si grande de Pit. Il reçut des lettres
dans lesquelles elle lui racontait le quotidien de sa
nouvelle vie. Elle habitait chez la sœur de son père.
Son oncle, Adeland Bourdages, souffrait d'une infir-
mité à la jambe qui le retenait à la maison à longueur
de journée tandis que Georgianna travaillait de bon
cœur à faire des ménages dans les résidences privées
de gens assez fortunés. Leurs trois enfants, Léona,
Cécile et Gérald appréciaient grandement la venue
de leur cousine. Leur logement de la rue Dickson
offrait bien peu d'espace, mais l'hospitalité et l'en-
traide étaient ancrées dans les mœurs de cette
famille gaspésienne. Jeanne partageait la chambre de
ses cousines et toutes les trois s'en trouvaient ravies.

Jeanne travaillait dans une usine de fabrication de
cartouches, à Cartierville, au nord de l'île de Montréal.
Six jours par semaine, elle se rendait à la petite gare
au coin des rues Ontario et Viau pour prendre un
train qui les amenait, elle et les autres passagers, principalement des femmes, au site de l'usine.

Sa seule journée de congé, le dimanche, débutait
toujours par la messe à l'église Notre-Dame-des-
Victoires. En après-midi, elle partait souvent en
promenade avec ses cousines, à la découverte de la
ville. Elle connaissait maintenant le havre en pleine
ville qu'était le parc Lafontaine et les commerces
hétéroclites des rues Sainte-Catherine et Mont-Royal.

La vie urbaine avait ses charmes, mais le monde auquel elle appartenait, celui de la terre et de la mer, lui manquait beaucoup. Malgré le rythme effréné de ses semaines de travail, elle rêvait d'une autre vie, faite de temps passé avec celui à qui elle avait donné son cœur. Une vie sans guerre ni cachette, sans mensonge ni peur, une vie toute simple, remplie d'amour.

Près d'un an plus tard, à l'été 1944, Jeanne obtint finalement quelques jours de congé qui lui permirent enfin de se rendre à Caplan pour une courte visite chez ses parents. Dans une nouvelle lettre écrite à Pit, mais comme toujours adressée à Thérèse Heppel, elle parlait de sa visite prochaine sans toutefois annoncer clairement les détails de son séjour.

À la lecture de cette lettre, Pit eut l'envie folle de risquer une escapade vers la Baie-des-Chaleurs pour enfin tenir dans ses bras celle qui lui manquait tellement. Jeanne, si belle. Il rumina cette idée pendant plusieurs jours avant de prendre sa décision. Après s'être entendu avec Émile, ils partirent tous deux à l'aube un samedi de juillet. Émile le conduisit au village afin qu'il puisse prendre un taxi.

— Fais ben attention à toi, Ti-Toine, j'veux te revoir dimanche soir sans faute.

— Soyez pas inquiet, j'vais être extrêmement prudent. Ils ne me prendront pas, répondit Pit afin de rassurer Émile.

Il ajouta :

— Avec un taxi, j'risque pas de rencontrer un de ces prévôts qui pourraient être à bord du train, ou n'importe qui d'autre pour me reconnaître... J'veux éviter tous les risques.

— Ouais... En tout cas, il y a un risque que tu pourras pas éviter, dit Émile en levant les yeux au ciel qui commençait à gronder, c'est l'orage qui va te tomber sur la tête.

— J'peux vivre avec ça.

Sur cette note plus détendue, Émile laissa son protégé aux mains du chauffeur de taxi.

Pendant que le taxi roulait sous la pluie, Pit s'impatientait déjà en pensant aux nombreuses heures dont il avait besoin pour se rendre à Caplan. Si tout se déroulait bien, il serait rendu peu de temps avant la *noirceur*. Dès son arrivée à Matapédia, après une course qui lui avait coûté trente *piastres* tout rond, il prit la route à pied avec l'espoir qu'une âme charitable finirait par s'arrêter et lui offrir de monter.

Plus les heures passaient, plus l'orage s'intensifiait et de moins en moins de voitures passaient sur sa route. L'air perdit peu à peu de sa chaleur sous l'effet du vent qui tournait à l'est, puis passa au nord. En fin de journée, trempé jusqu'aux os sous la pluie qui l'accompagnait depuis son départ, il se présenta chez les parents de Jeanne et, avec le cœur qui battait à tout rompre, il frappa quelques coups à la porte. La mère de Jeanne vint lui ouvrir et elle ne put retenir un cri d'étonnement lorsqu'elle reconnut celui qui se tenait devant elle.

— Pit... pour l'amour du bon Dieu, j'rêve... d'où viens-tu comme ça? lui demanda-t-elle.

— Ça pas d'importance, j'suis là, pis j'espère que Jeanne est là aussi, affirma-t-il la mine joyeuse.

Pit vit le visage de la mère de Jeanne s'assombrir instantanément. Il attendit une réponse qui tarda à venir.

— Jeanne... est repartie par le train, il y a moins d'une heure... T'arrives trop tard, Pit, tu l'as manquée. Pit demeura muet. On n'entendait que les longues traînées d'eau qui coulaient des gouttières. Pendant quelques secondes, ils restèrent ainsi tous les deux sans un mot. Les retrouvailles qu'il avait tant de fois imaginées depuis des semaines n'auraient pas lieu. Il se sentait complètement abandonné. La mère de Jeanne sentit bien son malaise, mais elle ne pouvait aucunement l'aider. Elle cherchait quelques mots de réconfort lorsque Pit reprit ses esprits et dit :

— J'vais me rendre à Saint-Alphonse voir mes parents... J'serai sans doute plus chanceux.

— Attends, attends un peu... Jean-Paul va aller te mener, dit-elle précipitamment comme pour lui épargner tant d'efforts.

Jean-Paul attela la jument et les deux hommes prirent la route vers Saint-Alphonse. La pluie s'était arrêtée, Pit regarda le ciel vers l'ouest, où les nuages noirs encore chargés de pluie se dispersaient pour laisser pointer un fond de ciel rouge qui trahissait le coucher du soleil. Il pensa à Jeanne. Quand aurait-il la chance de la revoir? Il avait tant rêvé de ce moment. La tristesse et la colère le tiraillaient sans qu'il ne puisse rien y faire. Il aurait fallu que le temps s'arrête pour lui permettre de rattraper son amour. Celle-ci lui échappait sans même s'imaginer que quelques minutes avaient suffi à faire échouer ces retrouvailles. Obsédé par cet échec, Pit ne parvenait pas à apprécier ce retour chez lui, après plus de deux ans d'absence. Jean-Paul n'osait souffler mot.

Arrivé chez lui, il s'aperçut qu'à part une faible lueur provenant de la fenêtre de la cuisine, la maison était plongée dans la demi-obscurité de la brunante. Pit frappa quelques coups à la porte et, sans attendre qu'on lui ouvre, il entra comme au temps où il vivait chez lui. Aidée de Georgette, sa mère pétrissait le pain pour la fournée du lendemain. Son père était assis dans la chaise berçante, dos à la fenêtre, et il lisait le journal comme à son habitude.

— Pit... Doux Jésus... t'es ben vivant, s'écria sa mère.

Malgré son tablier blanchi et ses mains enfarinées, elle se précipita vers son fils pour le toucher et s'assurer qu'elle ne rêvait pas. Son père oublia son journal et s'approcha lentement, laissant à Elmina le temps d'une heureuse accolade. Moins enclin aux émotions, Léonidas exprima tout de même de manière maladroite la joie qu'il avait de revoir son fils.

Les premiers instants d'euphorie passés, l'inquiétude que soulevait sa présence donna le ton aux échanges qui suivirent.

— La police militaire vient régulièrement inspecter la maison ; tu pourras pas rester icitte à soir, dit son père.

— Comment avez-vous appris que j'ai déserté ? questionna Pit.

Son père lui raconta les évènements tels qu'ils s'étaient passés ; plusieurs semaines après ce fameux lundi de Pâques d'il y a deux ans, où Pit les avait supposément quittés pour rejoindre son bataillon, ils se retrouvaient toujours sans nouvelles. Plus les jours passaient, plus l'inquiétude leur pesait. Où se trouvait-il ? À Petawawa, toujours à l'entraînement ? Sur un navire qui le mènerait outre-mer ? Au front quelque part ? Blessé peut-être ? Mort ? Impossible, l'armée les aurait avisés. Mais ils avaient besoin de savoir. C'est Léonidas qui écrivit à Ottawa pour demander ce qu'était devenu son fils et c'est sa propre lettre qui lui fut retournée avec l'inscription «déserté».

Leur état de choc s'était transformé petit à petit en crainte de voir leur fils capturé et traité comme un criminel, puis finalement, tout s'était estompé pour laisser place à un sentiment empreint de fierté. Ils avaient reconnu dans ce geste le courage et la détermination de leur fils. Ils avaient aussi compris qu'il ne fallait pas écouter les dires de chacun. Ils s'en étaient remis à la confiance naturelle qu'ils avaient en leur fils et à la grâce de Dieu.

Son arrivée, ce soir-là, leur donnait raison d'avoir été confiants et surtout fiers de lui. Mais, en même temps, la peur refaisait surface. Pit les rassura en leur racontant la vie qu'il vivait depuis qu'il avait déserté et en leur expliquant toute l'importance qu'il accordait à déceler le moindre signe de la présence des prévôts. Il se retrouvait en état d'alerte constant sans jamais pouvoir se permettre un oubli.

Déjà quelques heures s'étaient écoulées. Elmina affichait un visage moins tendu, mais ses mains s'agitaient sans cesse, tournant et retournant un mouchoir au moindre propos inquiétant. Léonidas insista.

— Pit, tu dois pas rester icitte cette nuit... Les prévôts peuvent venir fouiller la maison. T'sais, les nouvelles courent vite.

Pit décida donc de passer la nuit chez un voisin. Advenant une visite des policiers, il conseilla à son père de leur avouer qu'il était bien ici, mais qu'il avait déguerpi en les entendant arriver. Peut-être était-ce le hasard ou simplement les dires de certaines personnes qui amenèrent, cette nuit-là et de façon inopinée, les polices militaires frapper à la porte de la maison des parents de Pit. Ils fouillèrent tout et partout avec empressement, convaincus enfin d'avoir piégé le déserteur. Questionné sur les allées

et venues de son fils, Léonidas répondait fidèlement
la même chose. Cette fois-ci ne fit pas exception :

— Nous n'avons aucune nouvelle de notre fils
depuis le dimanche de Pâques 1942 où il nous a
quittés en disant qu'il rejoignait son bataillon à
Petawawa.

Cette nuit-là cependant, la réponse du père projetait en lui des images fort différentes de toutes
les fois précédentes. Il s'efforçait de cacher son inquiétude en se disant qu'il était le seul à sentir son cœur
battre si fort. Et dire qu'à quelques pas seulement...

Le lendemain matin, Jos reconduisit son ami et
voisin Pit jusqu'à Causapscal après que celui-ci soit
passé chez lui le temps de poser un doux baiser sur
la joue de sa mère et d'apprendre qu'il avait échappé
de peu à une arrestation la nuit dernière. Fidèle à
lui-même, Jos se laissa emporter par sa curiosité et
le questionna sans relâche. Plus que jamais, Pit fut
avare de commentaires. Il n'avait pas envie de
raconter ses histoires ; alors, il détourna habilement
la conversation.

— C'est à toi Jos de me raconter ta nouvelle vie ;
j'ai appris que t'es marié. Alors... comment ça se
passe ?

Un peu embarrassé par cette question inattendue,
Jos ricana pour masquer sa gêne. D'une voix hési-
tante, il commença.

— J'ai marié Louise Garant de Rivière Caplan. Tu
dois la connaître, t'as fréquenté une fille de Caplan
plusieurs années...

— Oui... peut-être ben, lança Pit distraitement.

— Ma Louise te connaît, elle, en tout cas... Elle me disait...

Pit fixait le chemin devant eux. Absorbé dans ses pensées, il entendait à peine ce que racontait son ami qui poursuivait sans vraiment se préoccuper d'être écouté. Il réalisait qu'il faisait tout ce chemin de retour et courait tous les risques sans même avoir vu Jeanne. La route lui parut subitement interminable. Il se sentit envahi par un sentiment de regret, de frustration et même d'abandon. Il sortit de ses pensées lorsque la voiture s'immobilisa à une traversée de chemin de fer. Quelques kilomètres à peine avant le pont couvert de Heppel, le train défilait son long cordon monotone de wagons, hypnotisant le regard.

— C'est le train de Gaspé vers Montréal. Hier, Jeanne était dedans. J'arrive pas à croire qu'on se soit manqués de si peu, dit tristement Pit.

Au moment où il tenait ces propos, Jeanne se trouvait sur le quai de gare, à Causapscal. Celle qu'Émile venait de déposer laissa enfin couler les larmes qu'elle retenait depuis son arrivée. Son regard se noyait dans le vide. Elle pensait mourir de chagrin. Elle avait quitté Caplan la veille, une journée plus tôt que prévu, avec l'intention de s'arrêter pour revoir celui qui lui manquait tellement.

Ils étaient séparés depuis près d'un an et ils ne vivaient ensemble que par leurs mots rédigés sur d'amoureuses lettres.

L'arrivée à l'improviste de Jeanne chez la famille Heppel avait surpris bien du monde.

— Ti-Toine est parti ce matin pour te voir à Caplan, pis là, c'est toi qui arrives pour le voir! s'était exclamé Émile.

Jeanne s'était littéralement effondrée, retenant difficilement ses larmes qui, aussitôt, l'avaient envahie.

Une fois les premières émotions contrôlées, elle s'était rapidement inquiétée.

— Il aurait jamais dû sortir... C'est de la folie... Il risque de tomber entre les mains des prévôts.

— Il était ben conscient du risque, mais surtout ben décidé à te voir, affirma Émile.

— Il revient demain. Quand est-ce que tu repars?

— J'reprends le train demain soir.

— Alors vous serez peut-être chanceux...

Encore une fois, il fallait vivre dans l'attente d'être ensemble un jour. Il leur resterait bien quelques moments volés pour se retrouver.

Ce soir-là, lorsque la voiture de Jos se présenta à l'entrée du pont couvert, la voiture d'Émile s'en éloignait à l'autre extrémité. Ils se retrouvèrent ainsi l'un derrière l'autre sur le chemin de terre qui mène à la maison.

Émile fut soulagé de voir enfin Pit de retour. Il avait vécu ces deux dernières journées avec beaucoup d'inquiétude. Trahissant son état, il s'empressa de lui dire :

— J'suis content de te revoir, mon Ti-Toine.

— J'ai fait ce voyage pour rien finalement.

— J'sais.

— Vous savez que j'ai pas vu Jeanne? répliqua Pit, surpris de cette affirmation.

— Oui j'sais ça parce que j'arrive tout juste de la gare. J'suis allé la reconduire au train.

— Jeanne était ici? dit Pit d'un ton qui laissait voir le découragement le plus total.

Il se retourna brusquement, prit sa tête entre ses mains et répéta à plusieurs reprises : «C'est pas vrai, c'est pas vrai.» Le regard d'Émile croisa celui de Jos ; tous les deux exprimaient la même empathie pour celui qui devait maintenant tourner la page sur ce rendez-vous d'amour raté.

Sur le ton d'un père qui veut consoler son fils, Émile s'exclama :

— Viens Ti-Toine, c'est le temps d'aller se pêcher un beau saumon.

Ce fameux dimanche de juillet, Jeanne revint vers Montréal avec l'énorme tristesse d'avoir manqué sa rencontre avec celui qui remplissait tous ses rêves. Sa peur d'annoncer ouvertement sa venue avait fait en sorte qu'ils n'avaient pas réussi à se voir en dépit de tous les risques encourus. Elle réalisa l'erreur qu'elle avait commise à la fois par excès de prudence et par la peur.

Assise dans ce train parmi tant d'étrangers, elle se sentit bien seule. Elle pria tous les saints du ciel pour que rien ne soit arrivé à celui qui comptait plus que tout pour elle. Combien de jours aurait-elle à vivre dans le doute et la crainte de se demander s'il était revenu sain et sauf de son escapade ou si, au contraire, il avait été piégé ? Imaginer qu'on avait pu l'arrêter parce qu'il était sorti de chez les Heppel, aveuglé par le seul désir de la revoir, lui retournait l'estomac.

Ce geste audacieux qu'il avait commis pour elle lui allait droit au cœur en même temps que l'invraisemblable imprudence lui sautait aux yeux. S'il se faisait prendre à cause de son amour, elle ne pourrait pas affronter cette réalité. Comme elle ne pouvait

partager ses inquiétudes et sa peur, elle s'accrocha
à ses rêves de retrouvailles et souhaita secrètement
la fin rapide de cette guerre.

Heureusement, il n'avait fallu que quelques jours
pour qu'elle apprenne que, finalement, Pit était rentré
sans embûche chez la famille Heppel. Le 9 août, jour
de son vingt-quatrième anniversaire de naissance,
elle reçut par la poste les bons vœux de la famille
Heppel ainsi que ceux d'un certain Toine. Ces quelques lignes lui insufflèrent le plus grand bonheur
et ravivèrent l'espoir d'une rencontre prochaine.
Elle ne fut que plus déterminée à obtenir quelques
jours de congé avant l'hiver.

CHAPITRE 11
Une visite dans la peur

I L Y A DE CES SOUVENIRS qui restent collés à la peau et qui laissent des traces profondes. Ils habitent en nous pour ne jamais en ressortir sinon que par l'expression vive d'émotions. Pit était loin de s'imaginer à quel point tout ce qu'il vivait allait devenir un jour des souvenirs qui pourraient difficilement être racontés sans qu'il se sente totalement bouleversé. Pour l'heure, caché comme lui imposait sa décision, il se contentait de survivre et de vivre continuellement dans la peur d'être arrêté.

Ce fut en octobre 1944, après de multiples sollicitations, que le patron de l'usine finit par accorder à Jeanne les journées nécessaires pour faire un voyage en Gaspésie. Cette fois, elle se fit un point d'honneur d'annoncer sa visite par un courrier qui précisait la journée de son passage. Reconnaissant son écriture, Thérèse s'empressa d'aller remettre la lettre à Pit qui besognait dans la grange.

— Toine, arrête-toi un peu, t'as reçu une lettre de Jeanne.

Avec délicatesse, elle lui tendit le précieux document et elle demeura suspendue au silence pendant que Pit, de son côté, lui souriait et essayait d'ouvrir l'enveloppe. Il la remercia et, souhaitant se retrouver seul, il lui dit gentiment :

— J'vais prendre le temps de la lire, j'te donnerai les dernières nouvelles.

— Oui... c'est ben beau de même, fit Thérèse un peu embarrassée et réalisant l'indiscrétion de sa curiosité.

Elle quitta la grange aussitôt. Pit dégagea la lettre de l'enveloppe et parcourut ses lignes dont la calligraphie le ramenait à elle. Dès les premiers mots, l'annonce d'une visite prochaine le rendit fou de joie. Il interrompit sa lecture et courut jusqu'à la porte de la grange. À Thérèse qui s'approchait de la maison il s'écria :

— Thérèse... Jeanne s'en vient pour une visite !

La jeune femme s'arrêta, sourit, se retourna, visiblement aussi contente que lui, et s'exclama :

— Le bon Dieu te fait un cadeau... Tu le mérites ben !

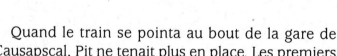

Quand le train se pointa au bout de la gare de Causapscal, Pit ne tenait plus en place. Les premiers passagers descendirent. Il chercha désespérément Jeanne. La peur de ne plus reconnaître celle qu'il attendait le prit soudainement. Il y avait si longtemps déjà... Jeanne, si belle Jeanne. Soudain, elle apparut dans sa robe matelot sous son manteau de laine bleu marine. Pendant quelques secondes, Pit se donna le droit d'admirer la femme qu'il aimait puis, comme tiré d'un rêve, il s'élança vers elle.

Dans les bras l'un de l'autre, comblés par cette étreinte qui amenait leur corps à se reconnaître, ils étaient là, enlacés, en silence, simplement. Puis, éclatants de bonheur, ils s'embrassèrent. Entre le rire et les larmes retenues se lisait la joie de se retrouver, de se sentir et de se toucher enfin. Sans relâcher son étreinte, Pit plongea son regard au fond des yeux de Jeanne et lui dit :

— J'suis tellement heureux de te revoir, si tu savais...

— J'te retrouve enfin, lui exprima Jeanne. Ça fait un an, mon Pit... c'est une éternité. Il faut s'arranger pour se voir plus souvent, insista-t-elle.

— Viens, faut pas rester, les prévôts rôdent souvent ici. Roger nous attend dans l'auto.

Le frêle jeune homme se tenait fièrement adossé à la portière, côté conducteur. Malgré son jeune âge, Roger savait conduire la voiture et se plaisait à rendre service. Aussi, il avait sauté sur l'occasion de faire preuve de galanterie et il s'était offert pour conduire les deux amoureux.

— Montez derrière, j'vous ramène à la maison, vous serez plus à l'aise pour jaser.

Pit et Jeanne se pressèrent l'un contre l'autre sur la banquette. Une fois qu'ils furent partis, Roger se concentra sur la route et ne prêta qu'une oreille distraite à la conversation de ses passagers. Il en profita pour jeter un regard furtif dans le rétroviseur, espérant un jour vivre un tel bonheur.

Il connaissait le chemin. Au moment d'amorcer la montée de la petite côte à Léonard, il poussa la voiture plus à fond. Ce n'est qu'une fois engagé sur cette côte qui traversait la voie ferrée qu'il aperçut le train qui approchait. Par manque d'expérience, il fut subitement pris de panique. Pit sentit son hésitation et s'écria :

— Roger, accélère... le train s'en vient.

— J'fais ce que j'peux, la pédale est au plancher.

— Plus vite, plus vite...

La voiture vrombissait... en filant dans un nuage de fumée. Ils réussirent de justesse à traverser la voie ferrée sous les lumières d'une locomotive dont le conducteur s'apprêtait à actionner les freins d'urgence. Transi de peur, tremblant, les mains soudées au volant, Roger, se sentit incapable de poursuivre la route et préféra remettre la voiture à Pit.

— Ça va aller, Roger. Ne t'en fais pas, mon gars.

L'histoire en resta tout simplement là.

Une fois arrivés à la maison, ils semblaient tous remis de leurs émotions et rien ne parut si ce n'est que Roger grimpa rapidement les escaliers pour s'isoler et tenter de passer à travers l'humiliation qu'il venait de subir. Les enfants accoururent vers Jeanne. Leur mère dut même intervenir au bout d'un temps pour laisser un peu d'intimité aux amoureux qui venaient à peine de se retrouver.

Le soir venu, Pit regagna son grenier. Thérèse partagea sa chambre avec Jeanne. Sa complicité dans la transmission des lettres entretenait d'autant plus cette précieuse relation. Malgré la fatigue, elles jasèrent jusqu'aux petites heures du matin à la lueur des chandelles. Jeanne lui raconta la vie à la ville, qu'elle apprivoisait depuis un an maintenant. Thérèse semblait fascinée et surtout très curieuse de connaître les habitudes des gens dans ce milieu de vie qui lui était complètement inconnu.

Pit se leva aux premières lueurs du jour pour reprendre le travail. Il en était à apporter l'eau aux cochons quand Akilas le rejoignit.

— Déjà au travail, mon Toine ? questionna ce dernier.

— Oui, une fois réveillé, j'me suis dit que j'étais aussi ben de me lever et de me mettre au travail.

— T'as ben raison, j'aurais fait pareil à ta place, d'autant plus que t'as de la belle visite.

Le grand-père lui lança un regard en coin plutôt narquois et il ajouta d'un air complice :

— Rentre déjeuner avec tout le monde... Vas-y, j'vais finir le peu qui reste, pis j'vous rejoins.

Akilas s'acquittait très bien de son engagement envers Pit depuis le jour de son arrivée où il avait promis de veiller personnellement sur lui. Il l'avait bien exprimé ce matin-là.

Peu de temps après un bon déjeuner, la journée s'annonça merveilleuse. Émile avait consenti à accorder la journée de congé à Pit. En ricanant, il lui avait dit :

— Profite ben de ta journée parce que demain, il va falloir que t'en fasses deux dans une.

Loin de se laisser abattre, connaissant le côté blagueur d'Émile, Pit répliqua :

— J'vais ajouter ça à ma liste, vous inquiétez surtout pas !

Effectivement, les amoureux profitèrent pleinement de ces moments qu'il leur fut permis de passer ensemble. Chacun redécouvrit les petits détails et les moindres gestes de l'autre. Pour sa part, Pit avait presque oublié la beauté du sourire de sa bien-aimée. Il ne se lassait pas de la regarder, d'admirer sa chevelure bouclée qui tombait en immenses boucles sur ses épaules, ses yeux remplis de joie et un sourire qui lui donnait le goût d'aimer.

Quatre heures déjà. Ils n'avaient pas vu le temps passer. Il fallait déjà reconduire Jeanne à la gare. Après les au revoir et les remerciements de circonstances pour ses hôtes, Pit et Jeanne prirent place à l'avant de la voiture et les enfants, qui tenaient tous à prendre part à l'expédition, s'entassèrent sur la banquette arrière comme s'ils avaient droit à un tour de manège dans une foire foraine. C'était pour eux une sortie amusante. Ils jacassaient et riaient tandis que Jeanne et Pit, silencieux, appréhendaient leur prochaine séparation. Lorsque la voiture s'engagea sur le chemin de la gare, Pit scruta rapidement les lieux et reconnut les voitures appartenant à des prévôts notoires. Sans s'arrêter, il poursuivit sa route, contourna la gare et reprit le chemin du village.

Étonnés, les enfants questionnèrent :

— Pourquoi on repart sans s'arrêter?

Un moment d'incompréhension et de surprise planait dans la voiture...

— Jeanne va rester avec nous?

— On est trop de bonne heure les enfants, le train est pas encore là, leur répondit Pit.

À peine leur avait-il répondu qu'ils entendirent le sifflet. Le train arrivait au village. Pit fit à nouveau demi-tour et reprit la direction de la gare, soucieux et craintif.

Il regarda Jeanne et lui dit simplement :

— J'descendrai pas...

Ils se quittèrent ainsi, la peur au ventre sous le regard des prévôts qui, sans le savoir leur volaient à leur insu un ultime mot d'amour et un dernier baiser.

— La place est libre, assieds-toi, lui dit le barbier.

Pit accrocha son manteau tout près de la porte et s'installa. Le miroir réfléchissait l'image du salon qui était vide à part lui. Le barbier se faisait une raison d'avoir si peu de clients, mais pour sa part, Pit était heureux de se retrouver seul, sans curieux à l'affût de la moindre histoire à raconter. Le barbier, qui n'en était pas à sa première coupe de cheveux, s'appliquait également à entretenir une joviale conversation qui, en fait, tirait sur le monologue. Plutôt discret, Pit se contentait de placer, au fil des propos, un petit «oui» ou un «vraiment», question de donner le change. Il pensait surtout : «Continue, pis arrête-toi pas de parler».

Soudain la porte s'ouvrit et deux nouveaux clients s'introduisirent dans le petit salon. Le barbier les accueillit en disant :

— J'ai pratiquement terminé avec ce jeune homme, j'suis à vous dans quelques minutes.

Pit faisait dos à la porte, mais il pouvait voir les deux hommes dans le miroir. Il s'agissait de deux polices militaires. Il aurait voulu quitter les lieux à l'instant plutôt que d'être piégé sur cette chaise du barbier, mais il n'avait aucun autre choix que d'attendre la fin de sa coupe. Il tenta de se rassurer en se disant qu'ils ne pouvaient pas arrêter un homme sans motif, pas plus que l'interroger sans être sur une piste. De plus, son faux nom ne se trouvait pas sur la liste des déserteurs.

Toutefois, ce qu'il entendit de leur conversation n'eut rien pour le rassurer. Avec une certaine fierté, l'un d'eux racontait :

— Quand j'suis arrivé pour l'arrêter, il s'apprêtait à se coucher dans sa cachette; il m'avait pas entendu approcher. Je l'ai vraiment pris par surprise.

L'homme s'arrêta, le temps de replacer ses souvenirs, et il poursuivit :

— J'étais tellement content de lui mettre la main au collet à celui-là. J'tentais de le prendre depuis si longtemps. Je l'ai enfermé dans la voiture, pis j'suis allé téléphoner au bureau de Rimouski. J'leur ai dit qu'ils pouvaient mettre une croix sur son nom, que j'leur amenais l'homme.

Et avec moins de fierté dans sa voix, voire une certaine colère, il ajouta :

— Mais quand j'suis revenu, il était disparu, le petit maudit! Avec la *noirceur* qu'il faisait, ça donnait rien de courir après, je l'aurais jamais retrouvé.

— Nous voilà ben mal pris. Rimouski nous attend, pis on a perdu le gars. J'ai l'impression qu'on va y goûter.

Caché sous son silence, Pit se dit en lui-même : «Vous pourriez en prendre un autre»... et il sentit son corps se crisper sous le tablier.

Enfin le barbier libéra son client, qui se fit très discret et qui lui paya les vingt-cinq cents pour sa coupe. Nerveux, marchant avec la peur d'être reconnu, Pit ouvrit la porte et quitta l'endroit à toute vitesse.

Pour une troisième année consécutive, Pit se prépara à passer l'hiver en forêt. Les derniers labours avaient été terminés ce matin à la hâte. Émile proposa de prendre l'après-midi pour se rendre au village afin de faire leurs provisions de lames de sciotte, de vêtements chauds et de cigarettes.

— Mais d'abord, allons nous réchauffer et manger quelque chose.

Ils quittèrent ainsi la ferme au tout début de l'après-midi pour se diriger vers le marché général. À leur entrée au village, formant un arrêt obligé, quelques voitures faisaient la queue. Devant eux, une voiture des prévôts fermait la route. Émile s'empressa de dire :

— Vite, t'es mieux de descendre, pis de te sauver.

— Non, si j'saute de la voiture, ils vont me tirer dessus. On est mieux de continuer. Mais si jamais il y en a un qui s'approche avec l'intention d'ouvrir la porte, là j'sauterai, j'le pousserai, pis j'partirai en courant vers la montagne.

Ils étaient tous les deux sur le qui-vive. Une fois encore, Pit sentit la peur s'emparer de lui. Il ajouta :

— J'pense que j'suis mieux de faire une bonne prière tout de suite.

Ces minutes d'attente leur semblèrent interminables. Ils ne virent rien ni aucune action particulière des prévôts. Ils n'arrivaient pas à expliquer ce barrage routier quand finalement les voitures devant eux se mirent à avancer lentement. La voiture des prévôts était maintenant sur le côté de la route et l'un d'eux signalait, à grands mouvements giratoires de bras, de circuler. Une fois de plus, Pit avait eu peur de faire face à l'arrestation et il s'en trouva extrêmement nerveux.

Le marché général, chez Barnabé, n'affichait rien d'anormal. Émile et Pit eurent l'impression de pouvoir enfin souffler. Le son familier de la cloche qui retentissait à l'ouverture de la porte était bien agréable à entendre ; il rappelait l'atmosphère amicale de l'endroit. Mais à peine eurent-ils le temps de saluer le marchand que la cloche de la porte sonna à nouveau. Curieux, ils jetèrent un coup d'œil à ceux qui arrivaient. Au grand malheur de Pit, deux prévôts entraient. Sans dire un mot, Pit, qui connaissait bien la place, se dirigea discrètement vers la trappe de la cave, l'ouvrit puis il descendit l'étroit escalier en prenant bien soin de refermer la trappe. Il se retrouva parmi les boîtes de marchandises entreposées. Il se fraya un chemin vers la petite fenêtre qui se trouvait à l'avant de la bâtisse. De là, il pouvait apercevoir la voiture des prévôts. Il n'avait donc plus qu'à attendre qu'ils quittent le marché pour sortir de sa cachette.

Quant à lui, tel un complice, Émile avait vu Pit disparaître à la cave. Il saurait bien se débrouiller pour l'attendre. Près de trente minutes plus tard, Émile entrouvrit la trappe de la cave et dit à demi-voix :

— Toine, tu peux remonter.

C'est à peine si le marchand se souvenait de l'avoir vu entrer dans le magasin. Il s'exclama d'un air perplexe :

— Mais d'où tu sors comme ça? J'ai pas entendu la cloche de la porte…

— Vous commencez peut-être à être un peu dur d'oreille, Monsieur Barnabé…, s'empressa de répondre Émile en faisant un clin d'œil à Pit.

Le vieux marchand ne prit pas le temps de répliquer et il ajouta simplement :

— Avez-vous besoin d'autre chose pour aujourd'hui?

— Du tabac, pis des cigarettes.

Ils réglèrent leurs achats, saluèrent M. Barnabé et montèrent dans leur voiture en direction de la banque, située tout près. Émile préférait reprendre sa voiture juste au cas où il ferait une rencontre fortuite peu intéressante.

Son intuition s'avéra juste, une fois de plus malheureusement. La voiture des prévôts était garée devant la banque. Émile immobilisa aussitôt la sienne.

— Décidément, on n'a pas choisi la bonne journée. J'vais descendre, pis toi, prends le volant et continue

à la maison. Passe par le rang B, c'est plus prudent,
il est beaucoup moins fréquenté. Arrivé à la maison,
dis à Roger de revenir me chercher. Pis toi, surtout
ne sors plus de ton grenier pour aujourd'hui.

Ainsi Pit laissa Émile sur le bord du chemin et suivit
ses conseils à la lettre. Il revint à la maison, soulagé
de n'avoir fait aucune autre rencontre. Il était bien
vrai que le rang B attirait peu les gens. Il était si difficilement carrossable. Roger repartit sur le champ
pour ramener son père à la maison.

Akilas s'empressa de demander des explications.

— Toine, raconte-moi donc ce qui s'est passé.
À te voir la face, t'as une bonne raison d'être nerveux.

Pit expliqua en quelques phrases l'essentiel de leurs
péripéties au village. Tout en racontant au grand-père
ce qui s'était passé, il réalisait la chance qu'il avait
d'être entouré de gens comme eux, qui faisaient tout
pour le protéger.

Akilas répéta encore :

— Toine, mon garçon, il y a vraiment un bon Dieu
juste pour toi.

— J'commence à vous croire, lui répondit Pit.

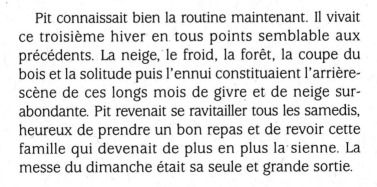

Pit connaissait bien la routine maintenant. Il vivait
ce troisième hiver en tous points semblable aux
précédents. La neige, le froid, la forêt, la coupe du
bois et la solitude puis l'ennui constituaient l'arrière-
scène de ces longs mois de givre et de neige sur-
abondante. Pit revenait se ravitailler tous les samedis,
heureux de prendre un bon repas et de revoir cette
famille qui devenait de plus en plus la sienne. La
messe du dimanche était sa seule et grande sortie.

Le 15 novembre 1944, il eut vingt-cinq ans. Cette journée-là, particulièrement, il pensa à sa mère et à sa famille dispersée dans différents villages du Québec et dans la grande ville de Montréal. Mais surtout, ses pensées le ramenaient à son bel amour. Ils s'étaient connus en 1939, à Noël. Il y aurait bientôt cinq ans depuis ces premiers moments qui arrimaient encore profondément son espoir de vivre.

Mais quand la vie et la paix auront-elles le dessus sur la guerre? Quand pourra-t-il sortir de cette vie cachée? Pourront-ils jamais se marier et simplement vivre heureux?

Tant d'années s'étaient écoulées sans que rien ne change...

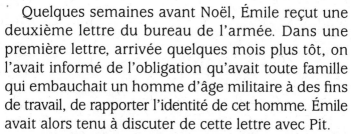

Quelques semaines avant Noël, Émile reçut une deuxième lettre du bureau de l'armée. Dans une première lettre, arrivée quelques mois plus tôt, on l'avait informé de l'obligation qu'avait toute famille qui embauchait un homme d'âge militaire à des fins de travail, de rapporter l'identité de cet homme. Émile avait alors tenu à discuter de cette lettre avec Pit.

— J'veux surtout pas vous mettre dans le trouble, vous pis votre famille, à cause de ma présence icitte. J'vais prendre mes affaires pis partir, avait déclaré Pit.

— Non, non, attends... s'était empressé de répliquer Émile. Sur ces paroles, il avait ouvert le rond du poêle à bois et brûlé la lettre qu'il avait entre les mains.

— Si jamais j'suis questionné au sujet de cette lettre, j'pourrai dire que je n'ai rien reçu. Il y a juste nous deux au courant. Alors... attendons.

La réception d'une deuxième lettre apparut cette fois beaucoup plus menaçante. Pit réagit aussitôt en manifestant son intention de partir immédiatement. De son côté, Émile repoussa cette idée ; cela lui semblait inutile ou plutôt inconcevable.

— Toine, reste... j'ai quelque chose à te proposer.

Émile était prêt à continuer, à ignorer cette deuxième lettre, mais à certaines conditions seulement. Il proposa le marché suivant au déserteur :

— L'argent que j'te donne en salaire depuis que t'es chez nous, on le met à la banque dans un compte au nom de ma femme. On était tous les deux d'accord là-dessus.

— Oui, on s'est ben entendus là-dessus depuis le début. L'argent va être à moi une fois la guerre terminée. C'est plus prudent comme ça, répondit Pit.

— Si jamais j'me fais prendre à cause de ces fameuses lettres du bureau de l'armée, ben toi, tu devras subir les conséquences de ta désertion, pis moi, j'prendrai ton argent pour payer l'amende ou pour me sortir tout simplement du pétrin.

— Vous êtes prêt à prendre ce risque ?

— C'est ma proposition... T'acceptes ?

— Marché conclu, confirma Pit avec gratitude envers cet homme qui était prêt à tant pour le protéger.

C'est ainsi que la deuxième lettre fut brûlée à son tour, un petit feu de mots qui se consumait en tout anonymat. Cette entente lui sembla équitable, mais elle ajoutait une dimension supplémentaire à la peur constante qu'il vivait.

Ils n'avaient plus qu'à attendre la suite des événements.

CHAPITRE 12
Les rêves de l'après-guerre

L E JOUR DU 8 MAI 1945 arriva enfin pour tous les honnêtes gens qui l'attendaient et le méritaient. Une nouvelle page de l'histoire du monde finissait de s'écrire. Proclamé ce jour-là, l'armistice mit fin à la Seconde Guerre mondiale, une sauvagerie qui avait, au bout du compte, duré plus de cinq ans et passé sur le corps de millions de victimes civiles et de soldats. Le maréchal Wilhelm Keitel signa la capitulation du Troisième Reich à Berlin même, en présence du haut commandement des Alliés. La reddition de l'Allemagne mit également un terme à l'implication du Canada britannique en Europe.

L'annonce de la fin de ce conflit provoqua une explosion de joie et un long soupir de soulagement jusque dans les contrées les plus éloignées du pays. Les cloches sonnèrent, partout les gens prirent d'assaut les rues. Ce qui se passa au fond d'une certaine vallée dans un certain petit village ne fit pas exception. Lorsque l'annonce déferla dans la vallée de la Matapédia, après avoir traversée le golfe et s'être répercutée sur Montréal et Québec, Pit était occupé à ferrer un cheval. Il se trouvait en compagnie de Ric, dans la forge attenante à la maison familiale des Lepage. Hurlant sa joie, Mme Lepage sortit de la maison en se dirigeant vers la forge :

— Venez écouter ça : *La guerre est finie...*

Les deux jeunes hommes abandonnèrent immédiatement clous et marteaux, plantant sur place le cheval qui hennit et resta figé d'étonnement. Ils se précipitèrent vers la maison afin d'entendre ça de leurs propres oreilles. Pit osait à peine en rêver; les propos qu'il entendait à la radio confirmaient bel et bien la fin de cette guerre, de cette foutue guerre.

Pendant un bref instant, il se sentit soulagé et transporté ailleurs. Il se voyait avec Jeanne, la serrant dans ses bras, la soulevant et la faisant tourner dans les airs en dansant sur un air joyeux. Ric le ramena soudainement au moment présent.

— Ramène-toi, Toine, on a un cheval à ferrer. Après, c'est direct à l'hôtel du village. Ça doit fêter, tu penses pas?

— Certain, c'est ben sûr.

Pit se mit à pleurer de joie. Il retenait l'envie folle qu'il avait de crier haut et fort à tout le monde qu'il avait choisi de ne pas la faire, cette maudite guerre, de ne pas prendre part à cette boucherie, qu'il avait choisi de déserter et qu'aujourd'hui, enfin, il pouvait dire qu'il avait réussi. Il avait été fidèle à ses convictions profondes. Mais il était encore trop tôt pour s'afficher. Il devait être patient et encore très prudent. Il fallait attendre de connaître le sort réservé aux déserteurs avant de penser à sa propre victoire. D'ici là, comme tous les autres, il pouvait tout de même prendre part aux réjouissances.

À Montréal, l'euphorie se propagea parmi les travailleurs de l'usine. Bien concentrée à sa tâche, Jeanne prêta plus ou moins attention à ce qui se passait autour d'elle quand, tout à coup, elle fut paralysée et assommée par ce qu'elle entendit :

— La guerre est finie... On vient de l'annoncer à la radio, s'était écrié un travailleur.

— La guerre est finie ?

— La guerre est finie ! Ils ont signé l'armistice ! La guerre est finie ! Il n'y a plus de combats !

— Nos hommes vont revenir ! cria l'une des travailleuses en larmes.

Comme s'il s'agissait d'enclencher un travail à la chaîne, chacune répétait la même phrase en regardant son voisin. L'effet fut instantané. Tout le monde cessa de travailler pour se rassembler, sauter de joie, s'embrasser et exprimer son soulagement. Les sirènes de l'usine se mirent à crier ; les activités furent interrompues.

Partout c'était l'allégresse, le grand soulagement.

À bord du train qui les ramenait à Montréal, les gens brandissaient des drapeaux, des chapeaux et tout ce qui pouvait servir d'oriflamme de paix en signe de victoire. Dans une cacophonie étourdissante, tous les clochers d'église sonnèrent en même temps. Jeanne se laissa de bon gré envahir par une enivrante euphorie.

Vivre ce moment inespéré tenait du rêve. Elle sentit tout le poids de ses longues années d'attente enfin s'évanouir comme la neige fond sous un soleil vigoureux. Enfin, la vie pourrait de nouveau être douce à vivre. Si c'était bien vrai, cela voulait dire que Pit et elle seraient ensemble d'ici peu ; qu'ils pourraient dorénavant vivre leur amour et sûrement fonder un foyer. Elle se sentit littéralement soulevée par

ce grand bonheur qui naissait au fond de son cœur.
Comme en une obsession, elle crut apercevoir le
visage de Pit dans chaque homme dont elle croisait
le regard.

Sa tante Georgianna se trouvait encore rivée au
poste de radio lorsque Jeanne revint de l'usine.
Ensemble, elles écoutèrent à plusieurs reprises le communiqué officiel qui proclamait la fin des hostilités.
Histoire de bien croire ce qui se passait réellement.

— C'est vraiment fini... la guerre est finie... c'est
dur à croire, soupira Jeanne en versant une larme.

— Après tant d'années, c'est ben certain que les
gens arrivent pas à croire que la vie va être différente, ajouta sa tante.

— En tout cas, pour moi, la vie vient de changer
aujourd'hui.

— Pit doit ben le savoir, lui dit sa tante.

— Oui, j'espère, répondit Jeanne d'un air pensif.

— J'sais pas ce qu'on lui réserve... à lui pis à tous
les autres... ceux qui ont déserté comme lui, murmura
sa tante sur un ton plutôt inquiétant.

— J'aime mieux pas y penser pour tout de suite.
On le saura ben assez vite. Aujourd'hui, ce qui compte
c'est la fin de toutes ces années d'attente pis de
peur.

Et Jeanne se laissa doucement porter par ses
pensées heureuses. Elle n'entendit plus la radio ni
les propos de sa tante qui ne réalisa pas qu'elle
parlait sans être écoutée. La jeune femme voyagea
dans le temps, se perdit entre ses souvenirs et ses
rêves. Tout était soudainement possible.

À peine un mois après la fin de la guerre, le 11 juin 1945, Mackenzie King était réélu premier ministre du Canada. Les journaux rapportaient sa victoire fulgurante. Malgré la crise de la conscription, il réussit par la force des uns contre les autres à préserver l'unité du pays. Son gouvernement conserva l'appui des Canadiens. Des Québécois votèrent même en sa faveur et lui donnèrent cinquante-trois sièges sur soixante-cinq. La mémoire est parfois de courte durée et les guerres y trouvent leur emprise.

Au coin de la table de cuisine, Pit tourna les pages du journal, lut un titre accrocheur, commença à lire l'article, parcourut quelques lignes et perdit complètement le fil. Sa tête était ailleurs.

Il lui fallait quitter la famille Heppel et son lieu secret. Il devait maintenant s'y préparer. Il voulait retrouver sa liberté, celle dont il avait pleinement joui avant toutes ces années de guerre. Il savait qu'il aurait un prix à payer pour avoir choisi de déserter. Il ne se sentait pas encore prêt à affronter ce qui l'attendait le jour où il se livrerait à l'armée. Il avait encore besoin d'un peu de temps.

Pour l'instant, il ne désirait qu'une chose : se rendre à Montréal, prendre Jeanne dans ses bras et l'embrasser comme on embrasse la vie après avoir frôlé la mort. Il se mit en devoir de faire ce premier geste.

Quelques jours plus tard, il atteignit Montréal, un lieu où le rythme de vie des gens n'avait rien en commun avec celui de la vallée de la Matapédia. À son arrivée, il constata que l'usine avait fermé ses portes. Jeanne ne travaillait plus. Le gouvernement avait remercié les milliers de femmes pour leur effort de guerre et les invitait officiellement à revenir à leur foyer et à reprendre leur vie de famille.

Pit alla retrouver Jeanne encore en pension chez Georgianna. Le lendemain matin, les amoureux traversèrent main dans la main le quartier populaire endormi. Ils se dirigèrent vers l'arrêt d'autobus le plus proche, au coin des rues Hochelaga et Dickson, dans l'intention de se rendre chez Philippe, le frère aîné de Pit. En montant à bord de l'autobus, ils firent malheureusement la rencontre d'un gars de Saint-Alphonse, un certain Laviolette. Ce dernier examina Pit des pieds à la tête d'un air soupçonneux.

— Comment ça va, Pit? Ça fait longtemps qu'on t'a pas vu... Qu'est-ce que t'as fait? lui demanda Laviolette.

— J'ai été blessé. J'suis à Montréal depuis ce temps-là, répondit Pit.

Arrivé à sa destination, Laviolette les quitta, mais cette rencontre avait inquiété Pit. Ce gars vivait à l'Ordonnance, expliqua-t-il à Jeanne, un quartier de l'armée un peu plus à l'est de la ville. Pit le soupçonnait de savoir qu'il était déserteur et il craignait qu'il ne le vende aux prévôts. Alors, il demanda à Jeanne :

— Tu dois ben connaître un magasin où j'pourrais m'acheter des nouveaux vêtements. Il faut que j'change d'apparence parce que Laviolette va leur donner ma description, c'est certain. T'as remarqué comment il m'examinait?

— Oui... On peut se rendre chez *Dupuis et Frères*; tu vas trouver ce qu'il faut.

— J'veux faire ça tout de suite, avant même d'aller chez Philippe.

Lorsqu'ils entrèrent dans le magasin, Pit était vêtu d'un pantalon brun, d'un manteau léger beige et d'un chapeau gris. À leur sortie, il portait un chic complet bleu marine, un chapeau noir et des lunettes fumées. Il avait mis ses vieux vêtements dans le sac du magasin en attendant de s'en défaire. Il les confia à son frère en lui demandant de les acheminer chez Émile Heppel et en prenant soin de ne mentionner aucune adresse de provenance.

C'est ainsi qu'un peu plus tard, dans la vallée de la Matapédia, un curieux colis arriva chez Émile. Akilas vit bien qu'aucun nom d'expéditeur ne figurait sur la boîte. Cela semblait vraiment louche. Il s'empressa d'ouvrir le paquet et il fut surpris d'y trouver les vêtements de son protégé :

— Ça y est, Toine s'est fait prendre.

Émile aussi en était convaincu et les deux hommes se morfondaient. Il n'y avait qu'Anne-Marie pour en douter, sans qu'elle puisse vraiment expliquer pourquoi. Elle avait le pressentiment qu'il ne lui était rien arrivé. Enceinte de plusieurs mois, elle berçait son ventre bien rond, le petit dernier sur ses genoux. Elle leur dit :

— Arrêtez donc de vous en faire… Attendez encore un peu ; vous allez voir qu'il va nous revenir… Il est intelligent, ce petit Toine… C'est le plus débrouillard… Ils ont pas réussi à le prendre, on va le revoir.

Au grand soulagement de tous, Pit revint effectivement au bercail quelques jours plus tard. Il était pratiquement méconnaissable dans ses beaux habits tout neufs. Il leur raconta comment il avait réussi à passer incognito sous les yeux des prévôts à la Gare centrale de Montréal, la tête bien haute et la démarche fière. Il ne correspondait aucunement au signalement que Laviolette avait fait de lui. Il avait bien réussi à les déjouer.

— J'suis passé droit devant eux, affirma-t-il fièrement. Ils cherchaient un gars habillé avec un manteau beige et des pantalons bruns. J'les ai ben eus. Ils ne m'ont pas reconnu.

La fin de la guerre ne marquait pas la fin de la chasse aux déserteurs, au contraire. Pit venait une fois de plus d'éviter l'arrestation. Il réalisa que l'acte de désertion était un délit qui pouvait durer aussi longtemps qu'un crime de guerre.

Marie-Louise, la sœur aînée de Pit, vivait avec son mari, Fred, dans le village de Bromptonville, au cœur des Cantons-de-l'Est. Même après plusieurs années de mariage et de nombreuses visites du curé, qui leur rappelait la volonté de Dieu et le rôle des époux catholiques pour encourager la famille, elle était toujours sans enfant, à son grand malheur. La plupart du temps, elle était seule à la maison en raison du travail de son mari et coupée de sa famille, elle s'ennuyait ferme.

Au printemps 1945, dans la vague euphorique qui déferlait partout au Québec en raison de la fin de la guerre, Marie-Louise parvint à convaincre son mari de rendre visite à ses parents à Saint-Alphonse. Soigneusement, elle plia au fond d'une petite valise tous les vêtements nécessaires à leur séjour. Ces gestes, pourtant banals, marquaient pour elle un moment de liberté qu'elle savourait intérieurement par crainte de dévoiler l'ennui profond qu'elle ressentait à vivre si loin des siens.

Il y avait longtemps qu'elle n'avait pas revu sa famille et tous ses proches, le coin de son enfance et les grands espaces de ses jeux d'enfant. Son séjour à Saint-Alphonse lui parut bien court. Il lui sembla qu'à peine arrivée, elle devait déjà repartir. Jean-Marie et Georgette avaient même réussi à l'entraîner à la pêche à la truite au ruisseau. Sa maladresse à pêcher l'avait amenée à se fâcher à plusieurs reprises et chaque fois, ses frères et sœurs avaient eu beaucoup de difficulté à retenir leurs rires. Aux termes de cette sortie, un rapprochement était perceptible entre eux. La gêne qui s'était installée avec la distance et le temps venait de disparaître. Au moment du départ, Marie-Louise affichait une mine satisfaite tandis que Fred s'impatientait devant les heures de route à faire.

— Dépêche-toi de ramasser ce que tu veux rapporter. On a du chemin à faire, pis faut s'arrêter en cours de route.

Fred avait finalement consenti à faire un arrêt à Causapscal afin d'aller voir Pit. Léonidas leur avait expliqué comment se rendre à l'endroit où Pit se réfugiait. Marie-Louise était convaincue de pouvoir facilement le trouver. Elle se sentait tiraillée entre l'idée d'étirer ce moment d'au revoir et celle de partir rapidement afin de passer plus de temps avec son frère, qu'elle n'avait pas revu depuis tellement longtemps. Fred dut presque l'asseoir dans la voiture et faire démarrer le moteur pour lui faire comprendre que c'était le moment de partir.

Les indications qu'ils avaient reçues leur permirent de frapper à la porte de la maison de la famille Heppel avec assurance.

— Bonjour, j'viens voir mon frère qui travaille pour vous depuis quelques années, dit Marie-Louise au jeune homme qui venait de lui ouvrir.

— Toine, il y a quelqu'un pour toi, cria Roger en se tournant vers la cuisine, faisant alors dos aux nouveaux venus.

Fred et Marie-Louise échangèrent un regard, surpris du prénom qu'ils venaient d'entendre.

De son côté, Pit hésita avant de se rendre à la porte. En dépit de la confiance qu'il avait en Roger, il préférait qu'on lui annonce le nom des visiteurs plutôt que de se retrouver au cœur d'une situation compromettante. La guerre avait beau être terminée, il n'était pas en sécurité pour autant.

Comme Pit ne bougeait pas, Roger dut abandonner les visiteurs à la porte en s'excusant maladroitement :

— Un instant, s'il vous plaît, j'vais aller voir si j'peux le trouver.

— On va attendre, lui répondit Marie-Louise.

Roger avança vers la cuisine où sa mère, occupée à ses chaudrons, lui chuchota doucement :

— Toine vient de sortir par en arrière. Qui est à la porte ?

— Une dame qui dit être sa sœur. Elle est accompagnée d'un homme.

— J'vais aller les voir.

Anne-Marie prit le temps d'enlever son tablier avant de se diriger vers l'entrée. Lorsqu'elle y arriva, les visiteurs n'y étaient plus. Décontenancés, ils étaient retournés à la voiture en se demandant s'ils devaient rester ou repartir.

Après un détour par l'arrière de la maison, Pit s'était approché prudemment afin d'être sûr de savoir à qui il avait affaire. Lorsqu'il reconnut la voix de sa sœur, il s'exclama :

— Pilou !... Fred !... Qu'est-ce que vous faites icitte ?

En entendant son surnom, Marie-Louise reconnut son frère.

— On arrive de Saint-Alphonse, répondit-elle.

— Il y a quelqu'un de malade ? demanda aussitôt Pit.

— Mais non, inquiète-toi pas, tout le monde est bien.

— Vous êtes allés pourquoi alors ? questionna Pit avec curiosité.

— C'est la fin de la guerre qui m'a donné l'envie de bouger... Mais pour tout dire... j'voulais te voir pour te parler de quelque chose.

— Vous avez un peu de temps d'abord. Entrez un peu, ça va être plus facile de jaser, proposa Pit. Roger et sa mère se trouvaient toujours sur la première marche. Témoin de la conversation, Anne-Marie renchérit sur l'invitation de Pit.

— Ben sûr, entrez. Venez vous installer au salon, leur recommanda-t-elle.

— Merci pour votre belle invitation, mais notre visite va être courte parce qu'on a encore beaucoup de route à faire, se permit de répondre Fred, manifestant une fois de plus son impatience à rentrer chez lui. Marie-Louise lui répliqua toutefois avec assurance :

— Ça serait ben mieux de passer au salon pour discuter même si ce n'est pas pour longtemps.

Et sans se soucier de la réaction de son mari, elle emboîta le pas vers la maison. Finalement, Fred et Pit la suivirent sans rien ajouter. C'était bien ainsi.

La discussion fut animée et Pit retrouva le plaisir de revoir Marie-Louise et d'échanger avec elle en toute liberté. Après son départ, Pit songea à la demande que sa sœur lui avait faite : maintenant que la guerre était derrière eux, elle le suppliait presque de venir s'installer près de chez elle, à Bromptonville.

Elle lui raconta que le vieux forgeron du village, M. Blouin, avait perdu ses fils à la guerre et que, se retrouvant sans héritier, il se voyait obligé de vendre sa maison et sa boutique de forge. Une occasion unique pour Pit, ajouta-t-elle, insistant pour qu'il se déplace

et fasse une offre à ce M. Blouin. Connaissant bien
le vieux forgeron, Marie-Louise était convaincue qu'il
verrait en son frère la relève idéale.

L'été était bien installé et avec lui, ces chaleurs
insupportables, surtout pour Anne-Marie qui, à quelques
semaines d'accoucher, se déplaçait difficilement à
cause de son ventre bien rond. C'était pénible aussi
pour Pit qui avait été engagé pour tout l'été à la boutique de forge de Causapscal. Le visage au-dessus
d'un lit de braise rouge, il apprenait à marteler le fer
incandescent. Il se familiarisait avec les rudiments
de ce métier. Aux dires du forgeron, il était talentueux
et très habile de ses mains. Avec cette expérience, il
saurait mieux à quoi s'en tenir pour ce qui était de l'ac-
quisition de la boutique de forge de Bromptonville.

Il partageait son temps entre le travail à la ferme
Heppel et celui d'apprenti forgeron. Les semaines
passaient rapidement pendant que son argent s'ac-
cumulait à la banque. Il serait bientôt prêt à partir.

Le mois d'août arriva. Anne-Marie donna naissance
à son dixième enfant, une toute petite fille qu'elle
appela Marcelle. Cette enfant apportait la joie de vivre
dans la maison. Pit regardait la petite Marcelle et
se projetait dans un futur qu'il voulait proche, où il
serait père à son tour. La guerre n'était plus un obs-
tacle ; les rêves que lui et Jeanne s'étaient construits
devenaient possibles.

Un peu plus tôt à Montréal, vers le mois de juin, la fermeture des usines de guerre avait amené Jeanne à se chercher un nouveau travail. C'est ainsi qu'elle s'était retrouvée dans la famille de M. Hervé Markovitch, un Juif, propriétaire d'une mercerie sur la rue Mont-Royal. Sa femme travaillait au magasin et elle avait besoin d'une gouvernante pour s'occuper de la maison et de leurs trois enfants : Jacques, le plus vieux, et les deux filles, Mary-Ann et Norma.

Jeanne s'installa donc chez cette famille qui demeurait sur la rue Clark et à laquelle elle s'attacha très rapidement. Le respect y était sans contredit une valeur importante et les Markovitch appréciaient beaucoup leur nouvelle aide. Jeanne jouissait du dimanche comme jour de congé. Elle en profitait alors pour rendre visite à sa tante Georgianna ou encore au frère de Pit, Philippe, et à sa femme Anita.

Une fois bien acclimatée à son nouveau travail, Jeanne reçut la visite de Pit. Les présentations faites, M. Markovitch s'empressa d'exprimer au jeune homme :

— Vous êtes chanceux, vous allez avoir une femme qui sait bien cuisiner, surtout des bons gâteaux.

Si ce M. Markovitch avait su tout ce que Jeanne représentait de plus à ses yeux...

C'est en septembre de cette même année que Pit se décida à prendre la route de Bromptonville. Une lettre récente de sa sœur avait piqué sa curiosité ; elle lui faisait entrevoir la possibilité d'une bonne affaire. Il lui restait à voir les lieux avant d'arrêter sa décision. Aussitôt arrivé chez sa sœur, Pit demanda à

voir cette maison et la boutique. Marie-Louise et Fred
l'amenèrent au bas de la côte, au cœur du village.
M. Blouin les y attendait. Au premier coup d'œil, Pit
fut ravi. La maison était en très bon état et la boutique
de forge attenante était bien outillée. M. Blouin, un
petit homme aux larges mains, affichait une mine
réjouie à l'idée de faire la connaissance de celui qui,
aux dires de Marie-Louise, était aussi un excellent
forgeron. La visite des lieux complétée, ils furent
invités à passer à la cuisine où la femme de M. Blouin
leur servit un bon thé chaud et des galettes fraîchement sorties du four. Pit s'informa de la clientèle,
exprima son intérêt, mais demanda tout de même
un temps de réflexion. Ils fixèrent une deuxième
rencontre pour le lendemain après-midi.

Pit réfléchit longuement à cette proposition et le
lendemain, sa décision était prise. Il partit seul et à
pied chez M. Blouin. Tout le long du trajet, il tenait
fermement une enveloppe pliée en deux au fond
de sa poche de pantalon. Elle contenait la somme
d'argent qu'il avait l'intention de remettre à titre de
promesse d'achat dans le cas où ils arriveraient à
s'entendre sur le prix de la vente.

Les deux hommes étaient nerveux, chacun à sa
manière. M. Blouin sentait qu'il laissait aller une partie
de sa vie en vendant sa maison. Quant à lui, Pit
sentait qu'il engageait sa nouvelle vie dans cette affaire. Ils arrivèrent assez rapidement à s'entendre. Pit
remit son enveloppe et les mille dollars qu'elle
renfermait. Il promit d'acheter le tout au plus tard le
1er mai 1946, date ultime pour finaliser la transaction
et prendre possession de la propriété. Il était aussi
stipulé dans l'entente que le non-respect de cet
engagement entraînerait automatiquement une
annulation de la vente, sans la remise du dépôt.

Une fois les transactions complétées, Pit quitta Bromptonville avec la certitude d'y revenir bien avant cette date. Résolu et décidé, il avait huit mois devant lui pour retrouver son entière liberté, même si cela impliquait de se rendre à l'armée et d'avouer en toute connaissance de cause et de conscience qu'il avait déserté.

CHAPITRE 13
La prison militaire

L E TRAIN APPROCHAIT LENTEMENT de la gare de Lévis, sur le bord du fleuve Saint-Laurent, en face de Québec. Pit tenait son sac à dos sur ses genoux, prêt à descendre et à affronter la tempête qui sévissait. Par la vitre du wagon, on ne voyait rien d'autre dehors qu'une neige tombant à plein ciel ; le vent s'en emparait pour en faire une poudrerie intense, un rideau blanc et opaque. Pourtant, la veille, au moment de quitter Causapscal, Pit avait été bien loin d'imaginer pareille tempête.

Depuis la déclaration de la fin de la guerre, il savait très bien qu'un jour viendrait où il devrait faire face à la Loi de ce pays. Il avait simplement pris le temps qui lui était nécessaire pour se préparer.

Aux derniers jours de février 1946, Pit bûchait et fendait le bois à grands coups de hache au camp d'hiver. Il s'apprêtait à compléter sa troisième corde de la journée. Il s'arrêta le temps de fumer une cigarette et promena son regard sur l'endroit. La forêt, la montagne, la neige, le camp et sa cheminée qui *boucanait*, cette vie qu'il avait apprivoisée comme déserteur devait maintenant se terminer. Il comprit à cet instant qu'il devait quitter Causapscal, se livrer à l'armée et faire ce qu'il fallait pour retrouver sa liberté le plus rapidement possible. C'était comme une idée fixe et une force irrépressible : cet été, il épouserait Jeanne.

À sa descente du train, il se sentit prêt à affronter la tempête et tout ce qui l'attendait à la base militaire de Lauzon, tout près de Lévis. Mais il avait tout d'abord une visite importante à faire au cœur de la ville de Québec.

Il marcha difficilement dans les rues où la neige lui arrivait au-dessus des genoux. Après un temps qui lui parut des heures, il finit par atteindre le bâtiment qui portait l'adresse recherchée. L'endroit l'impressionna. Un surveillant l'accueillit.

— J'viens rencontrer le député, M. Arsenault. J'arrive de la Gaspésie par le train. C'est très important que j'le voie.

M. Arsenault, Gaspésien de naissance, représentait les citoyens du comté de Bonaventure. Il affectionnait son coin de pays et cherchait, avec un dévouement sans borne, à protéger et soutenir ses électeurs. Sur les conseils de plusieurs, notamment son père, Pit tentait sa chance auprès de lui. Il désirait solliciter son aide et le sensibiliser au fait que les Canadiens français avaient été forcés à faire cette guerre et aux difficultés que lui-même aurait à subir à cause de son choix de déserter.

— Suivez-moi, lui répondit le surveillant. Vous êtes chanceux qu'il soit à son bureau par un temps pareil.

Sans préambule, Pit s'était présenté au député et lui avait exposé sa situation. Le député s'était montré accueillant et compréhensif. Leur entretien avait été de courte durée, mais Pit s'était senti confiant. Ils s'étaient quittés sur les derniers mots du député :

— Quand tu recevras ta sentence, arrange-toi pour m'écrire. J'te promets rien, mais j'essaierai de te sortir de là.

Habillé en simple citoyen civil, Pit se présenta à la barrière du quartier militaire de Lauzon. Un garde contrôlait les accès, et l'arrivée de cet homme l'obligeait à sortir de sa guérite, qui le protégeait du mauvais temps. Avec mauvaise humeur, il s'approcha pour déverrouiller la barrière en demandant à Pit :

— Montre-moi ta carte d'identification.

— J'en ai pas, répondit Pit.

— Es-tu déserteur? questionna le garde.

— Oui, se contenta de répondre Pit.

— Depuis combien de temps?

— Depuis quatre ans.

Le militaire le regarda droit dans les yeux et, avec un certain mépris, il se réjouit visiblement en lui disant :

— Toi, tu vas y goûter... Suis-moi en dedans.

Il ouvrit la barrière à Pit, il prit soin de bien la verrouiller derrière lui et il pressa le déserteur d'entrer dans la guérite. Il se secoua fermement pour enlever la neige qui s'était déposée sur lui.

— Il faut que j'te fasse un papier. Personne ne circule ici sans identification. Avec ce papier-là, tu vas obtenir des couvertures pis des ustensiles, mais avant, tu dois passer au bureau central. C'est là qu'ils vont te remettre un numéro de hutte pour dormir. Pour la suite... tu verras ben en temps et lieu.

Pit suivit les instructions du militaire et reçut effectivement un numéro de hutte, des couvertures et des ustensiles. On lui ordonna de se présenter, le lendemain matin, au lieu de rassemblement pour l'appel des soldats et la distribution des tâches de la journée.

Le lendemain matin, Pit prit place dans les rangs parmi les autres soldats. Le sergent débuta l'appel selon l'ordre alphabétique.

— Allard, cria le sergent.

Comme si le temps n'avait eu aucune emprise sur lui, Pit revivait les premiers moments de son entraînement. Le fait d'entendre son nom prononcé sur le ton d'un ordre lui soulevait le cœur. Par automatisme, il avança d'un pas, gardant le corps bien droit. Toujours vêtu de ses habits civils, il se démarquait tel un mouton noir dans la bergerie.

— Allez au quartier général, vous obtiendrez un vrai uniforme de soldat, lui ordonna le sergent.

— Oui, sergent, répondit Pit, la nausée au bord des lèvres.

Le matin du deuxième jour, lors de l'appel des soldats, son nom était encore le premier de la liste. Cette fois, malgré sa tenue vestimentaire conforme, il se sentit à nouveau isolé lorsque deux policiers armés vinrent l'escorter.

— Amenez-le au bureau du commandant, ordonna le sergent aux deux policiers militaires.

Le déserteur était traité comme un criminel.

Les policiers abandonnèrent Pit au bureau du commandant. Après quelques formalités d'usage, le commandant déclara :

— Vous devrez expliquer votre cas à la cour martiale et vous serez jugé en conséquence de vos actes. D'ici là, vous serez détenu avec les autres déserteurs. Vous serez changé de hutte.

Ainsi commença pour lui une nouvelle période de solitude.

Tous les déserteurs devaient comparaître en Cour martiale. Ils étaient trente dans une salle commune à attendre leur tour. Pit comptait les jours. Chaque matin, avant de se rendre au déjeuner, il ajoutait la date sur un bout de papier qui lui servait de calendrier. Les journées étaient très longues. Les déserteurs ne faisaient strictement rien. Ils étaient constamment surveillés. Ils ne se déplaçaient que pour les repas et aussitôt que ceux-ci étaient terminés, ils revenaient dans cette espèce de salle d'attente.

Après quinze jours de détention déguisés en attente forcée, son tour arriva. Pit fut amené à la Cour martiale où il a d'abord été accueilli par un avocat de la ville de Québec, un homme que Pit ne connaissait pas. Cet avocat tenait des papiers, sans doute la description des faits qu'on lui reprochait ainsi que les circonstances de sa désertion. Quoi qu'il en soit, cet avocat ne lui adressa pas la parole. Pit se sentit même très mal venu de le questionner. Il demeura donc silencieux et prit place à l'endroit qu'on lui avait assigné au banc des accusés.

Froid comme la neige qui tombait toujours à l'extérieur, le juge débuta la lecture des accusations. Les faits étaient assez justes ; Pit put les confirmer. Par la suite, la parole lui fut accordée afin qu'il livre à la cour les raisons qui expliquaient sa décision de déserter. On lui demandait de se rappeler pourquoi il avait déserté. On le forçait à se souvenir.

Pit dut faire un effort suprême pour contenir le flot d'émotions qui s'élevaient en lui. Il se revoyait à Petawawa. Il entendait les ordres qu'on lui criait par la tête, en anglais, *«Fire»* et le bruit des mitrailleuses qui suivait. Il ressentait l'injustice qu'il avait vécue et les mensonges qu'on lui avait servis, à lui et à tous ses compatriotes Canadiens français. Conscient qu'il devait peser chaque mot avant de parler et qu'il était le seul impliqué dans ce choix, Pit se ressaisit.

Personne ne connaissait les vraies raisons qui l'avaient mené à déserter et il n'avait surtout pas l'intention de les livrer à ces militaires convaincus. Habilement, il arriva à se sortir de cette tempête d'émotions. Il se mit alors à fournir une explication tout à fait banale, à la hauteur des sentiments que s'autorisaient des militaires comme eux. En fait, ces propos ne révélaient strictement rien.

Du haut de son tribunal, le juge écouta simplement et lorsque Pit se tut, l'homme de loi enchaîna avec quelques questions.

— Quatre années, c'est long. Qu'avez-vous fait pendant tout ce temps?

— Le peu de temps où j'ai été dans l'armée, on m'a appris la débrouillardise; alors j'me suis débrouillé, lui répondit Pit.

— Où étiez-vous pendant ces quatre années?

— J'ai travaillé dans le bois, un peu partout.

Malgré son habitude de faire parler les détenus qui passaient dans son tribunal, le juge comprit rapidement qu'il n'obtiendrait aucune confidence de la part de cet individu. Quant à lui, Pit s'était refusé à dévoiler le nom de la famille Heppel. Jamais, au grand jamais, il ne prononcerait ce nom ni même celui de Causapscal.

Le juge prononça rigoureusement sa sentence : vingt-deux mois de détention à la prison militaire de Valcartier, située un peu au nord de Québec. Assommé par ce coup de butoir, Pit quitta la Cour martiale, les menottes aux poignets comme un vrai criminel.

Le lendemain matin, Pit se retrouva avec d'autres
détenus à bord d'un camion qui les menait à Valcartier
afin que les déserteurs purgent leur sentence. Ce matin-
là, avant d'aller déjeuner, Pit avait débuté un nouveau
calendrier. Il avait inscrit : «jour 1 – 28 mars 1946».
Il avait pris soin de bien plier la feuille de papier et
de la placer dans son sac à dos.

Le camion roulait sur des chemins raboteux, ravagés
par le dégel du printemps. Les gars sautaient sur
les bancs chaque fois qu'une roue percutait le bord
d'un trou. Malgré les menottes qui retenaient ses
poignets l'un contre l'autre, Pit tenait fermement
son sac à dos sur ses genoux.

Soudain le camion s'arrêta. Sans avertissement.
Pit supposa qu'ils étaient arrivés à destination. On
ne voyait rien de cette boîte fermée ; impossible même
de comprendre les échanges parmi les bourdonne-
ments à peine perceptibles qui parvenaient de l'extérieur.

Un gros bruit de ferraille se fit entendre, puis le
camion se remit en marche. Il ne s'avança que de
quelques dizaines de mètres et il s'arrêta à nouveau.
Cette fois, tel un coffre-fort humain, les portes arrière
du camion s'ouvrirent et on leur ordonna de descendre. À la file indienne, les prisonniers suivirent le
garde qui les emmena vers un bâtiment qui semblait
être l'accueil de cette prison. Le garde empoigna la
porte d'un geste brusque et se plaça en retrait en
tenant celle-ci grande ouverte pour permettre aux
détenus d'y pénétrer. À son passage, le garde regarda
Pit fixement, d'une ironie douteuse, et lui débita d'une
voix forte :

— Tu vas voir cette neige fondre... tu vas voir la
prochaine tomber pis fondre aussi avant de quitter
cet endroit.

Pit n'émit aucune réplique; non qu'il n'en ait eu envie, mais il leur était interdit de parler aux gardes.

Les détenus furent conduits dans une salle commune, une autre salle d'attente sûrement sans chauffage tellement il y faisait froid. Rien sur les murs sauf un crucifix accroché au-dessus de la porte, des planchers auxquels il manquait plusieurs planches, aucune fenêtre, un éclairage inadéquat et quelques chaises disparates.

Ils furent appelés, l'un après l'autre, pour un interrogatoire préliminaire d'entrée. Leurs menottes leur furent retirées, puis le garde les poussa vers une toute petite pièce où, assis derrière un bureau démesuré, un militaire exécuta la routine d'entrée pour chaque nouveau prisonnier. Comme la liste se déclinait par ordre alphabétique, Pit fut encore le premier.

— Allard! cria le garde.

Malgré lui, Pit laissa tomber son sac en se levant. Le bruit résonna dans cette pièce vide.

— Vos menottes! exigea le garde.

Pit présenta les deux poignets pour en être libéré.

— Ramassez vos affaires et suivez-moi, ajouta le garde.

Pit s'exécuta. Le garde referma la porte de la petite pièce. Pit se retrouvait maintenant devant le grand bureau. La fumée d'une cigarette montait du cendrier posé à la droite d'un militaire, penché sur ses papiers, qui releva les yeux sans bouger la tête pour jeter un regard neutre sur lui. Après un moment, le soldat ordonna :

— Déshabillez-vous, flambant nu.

— Donnez-moi vos vêtements, vos papiers, votre sac, tout.

À cet instant, tous ses biens personnels furent confisqués.

— Enfilez cette combinaison et retournez vous asseoir dans la salle de l'autre côté.

Ainsi une fois rassemblés, tous les hommes, redevenus anonymes dans leur combinaison identique, furent conduits en cellule par groupes de quatre. C'était strictement la pure hospitalité militaire telle qu'il l'imaginait.

Après avoir connu la mer, la forêt, la montagne, la rivière... Pit vivait maintenant derrière les barreaux. Il y avait une planche de bois couverte d'une toile de laine aux quatre coins de la cellule. Dix mètres carrés d'horizon gris. Chacun avait son coin pour dormir. Mais l'espace qui restait au centre était si petit qu'une fois assis sur le bord du lit, les genoux de Pit touchaient presque ceux du gars en face de lui. La solitude qui l'avait fait tellement souffrir dans sa vie de déserteur lui paraissait enviable aujourd'hui.

Le petit camp au creux de la montagne dans la vallée de la Matapédia devenait soudainement un endroit de rêve, une oasis et un havre de paix. La forêt, les arbres, la nature à l'état pur... tout ça manquait tristement ici. Le milieu rude qui lui avait permis de vivre libre durant quatre années lui avait infligé un certain isolement.

Aujourd'hui toutefois, la cellule de cette prison l'isolait non seulement des gens qu'il aimait, mais de tout contact avec la nature et de ce dont il avait besoin pour vivre. Son lit de branches de sapin et l'odeur qui s'en dégageait lui manquèrent énormément.

Avec vingt-deux mois à vivre dans cette prison, il perdrait l'achat de sa maison, c'était inévitable.

Et son mariage avec Jeanne... Ils devraient encore repousser ce jour. Mais encore fallait-il le dire à Jeanne. Il n'avait toujours pas trouvé le courage de lui écrire. Il en était réduit à espérer un miracle : celui que Jeanne l'attende encore.

Ce vendredi saint, 19 avril, comme chaque matin, les gardiens déverrouillèrent les cellules les unes après les autres afin que tous les soldats prisonniers sortent dans la cour et se mettent en rang pour l'appel et la distribution des tâches de la journée. C'est ce matin-là que Pit se mit à croire au miracle.

— Allard, *fall-in*! cria le commandant.

Exécutant l'ordre qu'il venait de recevoir, Pit recula d'un pas afin de se soustraire de l'alignement. Il ne fut pas le seul visé. Lorsque les autres soldats rompirent les rangs pour débuter les travaux assignés, ils se retrouvèrent quelques-uns éparpillés dans la cour. Un officier vint prendre position à l'avant et ordonna le rassemblement. Puis il leur adressa la parole sur un ton moins autoritaire :

— Allez ramasser vos affaires dans vos cellules, passez au bureau pour remettre votre combinaison et reprendre vos vêtements. Nous vous ramenons au quartier général de Lauzon.

C'était ça peut-être la bonne nouvelle qu'on lui avait annoncée quelques jours plus tôt. Il avait reçu, à son nom, une lettre en provenance de M. Bona Arsenault, élu député indépendant à la Chambre des communes dans Bonaventure en 1945. Sur la lettre décachetée qu'on lui avait remise, il n'y avait d'écrit qu'une chose : «Vous aurez une bonne nouvelle sous peu.»

Cette lettre lui confirmait maintenant qu'il avait bien fait de braver la tempête le jour de son arrivée à Lévis alors qu'il était monté à bord du traversier en direction de la vieille ville de Québec pour se rendre au bureau du député.

Le jour où il remit les pieds au quartier général de Lauzon, il eut le sentiment de revivre. Il fut amené au bureau du commandant.

— Allard! dit le commandant, avec l'accent d'un Anglais.

— Oui, mon commandant, répondit promptement Pit.

— Voici, nous... vous... accor... accordons...

Il cherchait ses mots, puis finalement il décida de poursuivre dans la seule langue qui lui était familière.

— *You are dismissed*, prononça-t-il, ce qui voulait dire : «Vous êtes acquitté».

Pit comprit très bien cette phrase. Question de survie, les soldats Canadiens français avaient appris plusieurs expressions anglaises de l'armée dont celle-ci n'était pas la moindre. Comme les plus hauts dirigeants étaient tous anglophones, il avait fallu que les recrues francophones s'arrangent pour les comprendre. Ces mots empruntés à l'anglais s'étaient transformés et intégrés parfaitement dans leur conversation. Ils en étaient venus à oublier leur origine.

Au moment de retrouver les autres soldats, Pit s'exclama avec une grande joie :

— Ça y est, j'ai eu ma *dismiss*!

Cela se traduisait par : «J'ai été acquitté».

Il poursuivit en disant :

— Maintenant il me reste à avoir ma *discharge*.

La *discharge* était la démobilisation du soldat. Pour être libéré de l'armée, le militaire devait posséder un total de douze points. Accordés à chaque soldat, ces points s'accumulaient sur la base du temps passé au service de l'armée. En raison de sa désertion, Pit n'avait accumulé que quatre points lors de ces premiers mois d'entraînement.

Les gars qui connaissaient son histoire, lui avaient dit :

— T'auras jamais ta liberté cette année.

Il passa la nuit suivante à combattre l'insomnie. Quel miracle cette fois-ci le mènerait à sa libération finale? Il devait bien y avoir une solution. Il n'avait plus les menottes aux poignets mais, démuni, il était encore retenu prisonnier. Sa pensée le ramenait constamment à Jeanne. La dernière lettre qu'il lui avait écrite remontait au 12 mars, la veille de son départ de Causapscal. Il n'avait pas osé informer Jeanne de sa sentence de vingt-deux mois d'emprisonnement. Il avait eu peur, peur que cette nouvelle soit inacceptable pour elle, peur de la perdre.

Comme il voulait l'épouser, il prit la décision, cette nuit-là, de lui écrire à la première occasion pour lui demander de faire les arrangements nécessaires à la célébration de leur mariage pour le premier juin prochain. Il s'arrangerait bien pour obtenir les jours de congé requis pour aller se marier.

Quoique la lettre ne fût pas encore écrite, il était heureux de cette décision et il finit par trouver quelques heures de sommeil. Aux premières lueurs du jour, les soldats devaient se lever, faire leur toilette et déjeuner avant de prendre leur rang dans la grande cour. Alors qu'il se tenait devant le miroir, bien concentré à se faire la barbe, un gars s'approcha de lui par-derrière et lui dit par-dessus l'épaule :

— Tu cherches un moyen d'obtenir ta *discharge*?

— Sais-tu comment faire, toi?

— Va voir le sergent Otis. Lui, il va t'le dire.

— Merci pour le renseignement; c'est certain que j'vais aller le voir.

Toute la journée, avec une certaine discrétion, Pit chercha désespérément à se retrouver seul avec ce sergent Otis. Finalement, au moment où il avait abandonné son plan et qu'il retournait à sa hutte, il aperçut l'officier. Pit venait de s'arrêter à quelques mètres de l'entrée pour s'allumer une cigarette et regarder les étoiles quand, à sa grande surprise, il vit le sergent Otis lui-même. Il dut faire quelques pas de course et il réussit à l'interpeller.

— Sergent, on m'a dit que vous pouvez m'aider à obtenir ma *discharge*. J'en ai besoin rapidement, c'est pour aller me marier.

— Donne-moi une enveloppe demain matin au déjeuner, pis ton nom va sortir au moment de l'appel, lui répondit le sergent qui poursuivit son chemin sans ajouter un mot de plus.

Pit resta perplexe. Pourquoi une enveloppe? Il comprit que le sergent voulait tout simplement être payé pour falsifier la liste des noms des soldats à qui l'on accordait la démobilisation.

Au déjeuner, le lendemain matin, Pit s'approcha d'Otis et lui glissa discrètement une enveloppe dans laquelle il avait placé un billet de cinq dollars. Lors de l'appel, Pit fut le seul nommé. Le sergent avait effectué le nécessaire. Le soldat que Pit était possédait maintenant douze points bien comptés; il pouvait donc se libérer des obligations du service militaire.

Pit croyait rêver. Il avait purgé une sentence de vingt-deux mois en vingt-deux jours et il avait maintenant droit à la démobilisation. Le grand-père Akilas lui aurait encore dit : «T'as un bon Dieu juste pour toi, mon Toine.»

CHAPITRE 14

Une autre vie, cette fois sur un air de liberté

L E 23 AVRIL 1946, Pit quitta la base militaire de Lauzon sous le regard jaloux des autres soldats qui le questionnèrent : comment avait-il fait pour obtenir sa *discharge*? Mais Pit resta avare de commentaires. Pour se protéger lui-même et protéger ses proches, il avait développé, au cours de ses années de désertion, une prudence et une discrétion qui tenaient du réflexe. Moins les gens en savaient et mieux il se portait. Cette discrétion l'avait toujours bien servi.

Il fut amené à la Citadelle de Québec pour compléter les papiers nécessaires et subir des examens médicaux. Pendant trois jours, il dut se plier à une foule d'examens et de paperasseries qui l'impatientèrent au plus haut point.

Entre deux séances, il sortit sa plume pour écrire à Jeanne. Contrairement aux jours précédents, il n'était plus rongé par la peur de lui écrire. Malgré tout ce qui venait de lui arriver, il était l'homme le plus heureux du monde.

«*Mon amour, ma Jeanne, je te laisse un mois pour acheter ta robe de mariée. J'aimerais qu'on se marie le premier juin. Je suis un homme libre. La vie est à nous. Nous avons gagné. Je t'aime.*»

Il quitta Québec le 26 avril. L'armée lui avait remis un billet de train qui assurait son retour chez lui. Toutefois, son voyage se termina à Causapscal. Il descendit du train et prit un taxi pour se rendre chez les Heppel. Il était excité à l'idée de revoir Émile et il s'imaginait la tête que ferait Akilas.

Son arrivée à la ferme fut une vraie surprise pour tout le monde. Les plus jeunes lui sautèrent au cou et le grand-père sortit la bouteille pour célébrer même si la journée venait à peine de commencer.

— Ils n'ont pas réussi à te garder ben longtemps, il me semble? constata Émile.

— Qu'est-ce que tu leur as raconté pour qu'ils te laissent partir si vite? questionna Akilas.

— Tu sais ben qu'il leur a rien dit, reprit Émile.

Pit s'amusait de voir les deux hommes se questionner et se répondre sans que lui-même ait à ouvrir la bouche.

— J'ai été condamné à vingt-deux mois de prison... déclara Pit.

— Quoi? s'exclamèrent en même temps les deux hommes.

— ... mais j'suis sorti après seulement vingt-deux jours, ajouta aussitôt Pit pour les rassurer.

Il leur raconta tout : sa démarche auprès du député, son interrogatoire à la Cour martiale, la sentence, son séjour en prison et, finalement, les derniers évènements qui l'avaient mené à sa libération de l'armée. Akilas remplit les verres à nouveau et ne put s'empêcher d'ajouter :

— Je te l'ai toujours dit, mon Toine...

— Oui, je sais... le bon Dieu...

Il y avait quatre ans précisément, le 27 avril 1942, journée du référendum, Pit avait été accueilli chez la famille Heppel. Aujourd'hui, en ce 27 avril 1946, il était venu tourner la page sur ces quatre années pour commencer une autre vie, cette fois sur un air de liberté. La famille Heppel avait été sa complice pendant toutes ces années. Ils avaient tous pris de sérieux risques en acceptant de le cacher. Les Heppel étaient devenus sa deuxième famille et les liens tissés au cours de ces années étaient beaucoup trop forts pour être jamais coupés.

Il ne lui restait plus que quatre jours pour se rendre à Bromptonville et acheter sa maison. Il téléphona d'abord à Jeanne, qui travaillait toujours chez les Markovitch. Elle avait reçu sa lettre d'«homme libre» et c'est sa future épouse qui confirma que leur mariage pouvait être célébré à l'église Notre-Dame-des-Victoires de Montréal, le samedi 1er juin, comme il le désirait. Toutefois, sa robe de mariée avait dû attendre, mais elle comptait bien s'en occuper.

Il téléphona ensuite à Saint-Alphonse. Après avoir échangé quelques mots avec son frère Jean-Marie, il parla à sa mère. Il pouvait entendre les larmes qui coulaient sur son visage lorsqu'il lui annonça qu'il était libre et qu'elle faisait mieux de se préparer pour assister à son mariage. Finalement, il demanda à son père de venir le rejoindre afin de conclure l'achat de sa maison dans les Cantons-de-l'Est.

Le lendemain, comme tous les dimanches, Pit assista à la messe à l'église du village. À sa sortie, il croisa plusieurs familles dont les Lepage et les Léveillée qui s'étonnèrent de le revoir après plusieurs semaines d'absence.

— Où étais-tu passé, Toine ? On t'a pas vu depuis des semaines ? Boudes-tu le bon Dieu ?

— Non, non... j'ai été payé ma dette à l'armée, leur répondit Pit.

— Comment ça, ta dette à l'armée ?

— Pour tout vous dire, j'ai été déserteur depuis le début de la guerre, mais ce temps-là est derrière moi, pis aujourd'hui j'suis libre.

Mme Léveillée fut la première à réagir :

— J'peux pas croire qu'il nous a compté des *menteries* pendant quatre ans.

Elle n'y arrivait pas, elle ne voulait pas y croire. Il avait si bien joué le jeu ; personne au village n'avait su. Le masque venait de tomber sans crier gare.

— Toine, c'est pas ton vrai nom ? demanda Ric.

— *Pantoute !* Mon vrai nom, c'est Antonio, mais tout le monde chez nous m'appelle Pit.

Mme Léveillée reprit :

— On ne pourra jamais changer ça. Pour nous autres, tu vas toujours rester Toine, ça c'est certain.

Émile accompagna Pit à la banque pour retirer l'argent accumulé à son nom depuis quatre ans dans le compte de sa femme. Il lui remit la somme ; cet argent lui appartenait maintenant. Pit fit le tour de son coin de grenier, espace obligé de sa si longue claustration, et il ramassa ses effets personnels. Chacun à sa manière, ces gestes marquaient la fin d'une vie et le début d'une autre. Plus tard, son père vint le rejoindre et ils quittèrent ensemble la ferme Heppel. Ces derniers instants furent remplis d'émotion.

Le matin du 1er mai, Pit et son père frappèrent à la porte du vieux forgeron de Bromptonville, qui fut étonné de les voir, lui qui était convaincu que son acheteur ne se présenterait pas et qui se voyait déjà mettre la main sur un beau dépôt de mille dollars.

— J'suis venu officialiser le contrat d'achat, annonça simplement Pit.

Le jour même, en après-midi, c'était chose faite. Pit était propriétaire et il avait les clés en main. Le père reprit seul le chemin du retour. Toute la famille serait bientôt réunie pour célébrer le mariage de son fils.

C'était leur prochain rendez-vous à tous.

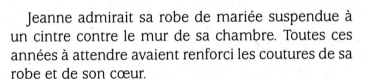

Jeanne admirait sa robe de mariée suspendue à un cintre contre le mur de sa chambre. Toutes ces années à attendre avaient renforci les coutures de sa robe et de son cœur.

Pit arpenta les pièces de sa nouvelle maison ; il s'arrêta dans chacune d'elles et s'imagina la présence de Jeanne.

Jeanne regarda au ciel et pria Dieu pour que le soleil brille le jour de son mariage.

Pit rangea ses outils et accrocha l'écriteau sur lequel on lisait « Fermé » sur la porte de sa boutique. Le forgeron serait absent, le temps d'aller se marier.

Jeanne rêva de Pit dans sa nouvelle maison. Pit rêva de Jeanne dans sa nouvelle vie.

Le 1er juin 1946, leurs rêves s'unirent pour la vie. Leur amour triomphait des années de guerre, de séparation et d'attente. La solitude avait complètement disparu et la peur aussi.

Et le soleil brillait.

Épilogue

Au moment de terminer ce récit, Pit et Jeanne vivent toujours leur lune de miel. Ils sont âgés respectivement de quatre-vingt-dix et quatre-vingt-neuf ans.

Après leur mariage, ils n'ont presque plus jamais été séparés.

Ils ont habité pendant quatre ans la petite maison de Bromptonville qui a vu naître leurs deux premiers enfants. Comme le métier de forgeron était voué à disparaître, en 1949 ils ont emménagé dans la grande ville de Montréal où Pit a étudié le métier de soudeur. Il est devenu un employé de la compagnie de chemin de fer Canadien national. Ils ont eu trois autres enfants.

Ils ont toujours maintenu une relation d'amitié, de respect et de reconnaissance sans borne pour la famille Heppel. Les évènements qu'ils avaient vécus ensemble les ont soudés à jamais. Ainsi en est-il des complicités humaines.

Au moment de la retraite de Pit, en 1980, ils ont quitté la ville pour un retour aux sources dans leur Gaspésie natale. Cependant, l'éloignement des enfants et des petits-enfants, au nombre de onze, était trop difficile et pas du tout obligatoire.

Ainsi, en 1987, ils sont revenus vivre près de ceux qu'ils aiment, dans une petite maison qui possède un grand potager, dans une banlieue de Montréal.

Ils ont réussi leur vie ensemble. Ils ont transmis leur amour de vivre, leur respect pour la vie et leur courage à leurs enfants. Ils sont leur plus grande fierté.

Remerciements

Merci

à Antonio Allard et Marie-Jeanne Bujold pour
leur sincérité et leur générosité ;

à Ronald Collette, Sylvie Lamarre, Aurélie
et Laurier Collette pour leurs conseils,
leur soutien et leur aide ;

ainsi qu'à toutes les autres personnes qui m'ont
encouragée tout au long de ce projet.

Sommaire

DATE DUE

Ouvrage composé en caractères
DTL Dobervitz Book
– corps 12/13 – et achevé d'imprimer
en octobre 2009 sur papier Silva Enviro 10M
100 % recyclé postconsommation et certifié FSC –
par les presses de Marquis Imprimeur, Québec, Canada